# Orações que Trazem Cura

bvbooks
BV Films Editora Eireli
Rua Visconde de Itaboraí, 311
Centro | Niterói | RJ | 24.030-090
55 21 2127-2600
www.bvbooks.com.br

Edição publicada sob permissão contratual com Charisma House, Strang Communications Company. Originalmente publicado em inglês com o título de *Prayers That Bring Healing*.



Editor Responsável
*Claudio Rodrigues*

Adaptação de Capa e Diagramação
*Laércio Filho*

Tradução
*Mitsue Siqueira*

Revisão Textual
*Ana Carolina Salerno*
*Ariana Fátima Baptista*
*Stella Rosemberg*



---

ECKHARDT, John. *Orações que Trazem Cura*
Rio de Janeiro: bvbooks, 2019.

| | |
|---|---|
| ISBN | 978-85-61411-69-5 |
| 1ª edição | Outubro \| 2011 |
| 2ª edição | Maio \| 2019 |
| Impressão e Acabamento | Promove |
| Categoria | Oração \| Batalha Espiritual |

---

**Impresso no Brasil / Printed in Brazil**

# Orações que Trazem Cura

John Eckhardt

bvbooks

# SUMÁRIO

# Introdução

## À ESPERA DA CURA

***E eis que uma mulher que havia já doze anos, padecia de um fluxo de sangue, chegando-se por detrás dele, tocou na orla de sua veste.***

Mateus 9:20

Ultimamente, o Senhor tem me tocado a compartilhar com o Seu povo a importância de buscar a unção. A palavra *busca* significa "uma procura ou o estado de perseguir algo". Significa seguir adiante, apesar dos obstáculos, para se chegar a um lugar onde a unção está esperando para cair sobre você. A mulher que sofria de hemorragia se propôs a buscar a unção da cura e recebeu o seu milagre. Ela esperava que, uma vez ultrapassada a multidão, superada a decepção de anos de tratamentos sem sucesso e afastada do estigma de ser considerada uma mulher impura, ela seria curada.

Muitas vezes, o povo de Deus não recebe seus milagres e curas porque não busca a unção. As pessoas não se apressam em buscar a sua cura porque não esperam que algo milagroso venha a acontecer.

Algumas vezes os cristãos se deixam desanimar. Então, eu lhe digo uma coisa: não deixe o diabo se apossar da sua cura. Concentre-se em Deus. Você tem que superar o desânimo e a frustração para não perder o seu milagre. Não deixe que ninguém lhe impeça. Você precisa ir além - persistir no trânsito, persistir no estacionamento, persistir com as pessoas que batem à sua porta - mas sem estresse. Apenas permaneça no Espírito e siga em busca de onde a unção está, aproxime-se e tome posse do seu milagre. Da mesma maneira que a mulher persistiu, buscou e foi curada ao tocar nas vestes de Jesus, você também pode persistir, buscar e alcançar o seu milagre.

## A CURA DE DEUS É PARA TODOS!

No Reino Milenar a cura está disponível para *todos*. É impressionante como alguns cristãos ainda acreditam que Deus é quem traz doenças para o Seu povo. Alguns se perguntam: "Deus, por que o Senhor permite que esta doença esteja em meu corpo?" Eles sentem, ou talvez tenham ouvido de algum líder da igreja, que a vontade de Deus é o sofrimento deles causado pela doença, e não a cura. No entanto, isto não é bíblico. Deus não traz doenças para o *Seu* povo. Jesus morreu para que fôssemos curados. Eu acredito que, algumas vezes, Deus permita as doenças em casos de rebeliões e desobediências. Mas como povo de Deus, podemos esperar viver em saúde e ser curados de todas as doenças por aquilo que Jesus fez por nós na cruz.

Quando Jesus veio a esta Terra, ele anunciou a chegada do Reino de Deus. No Reino de Deus, onde Sua presença e glória habitam, nenhum pecado ou doença podem existir. Estamos no Reino de Deus agora, mas o Reino não está manifestado plenamente. No entanto, você pode estabelecê-lo em seu coração e em sua vida. Por onde Jesus pregou a mensagem do Reino, Ele curou pessoas. A cura acompanha a mensagem do Reino. Este é o Reino Milenar, no qual você não precisa ficar doente, falido, ou ser perseguido pelo diabo. Esta é a BOA NOVA! Você não mais precisa estar doente, falido, pobre, ou confuso. A doença e a moléstia são obras do diabo. Jesus veio e, "E, despojando os principados e potestades, os expôs abertamente, triunfando sobre eles em si mesmo". (Cl 2:15).

A cura vem com a posse que tomamos da mesma. Quando você está em Cristo, você pode esperar a cura. Marcos 16:17-18 diz: "Quem crer e for batizado será salvo; mas quem não crer será condenado. E estes sinais seguirão aos que crerem: Em meu nome expulsarão demônios; falarão novas línguas; pegarão em serpentes; e se eles beberem alguma coisa mortífera, não lhes fará dano; e eles imporão as suas mãos sobre os enfermos, e eles serão curados". Portanto, você não deve apenas esperar para ser curado, mas também deve saber que você é capaz de transmitir a cura para todos os que estão à sua volta. Este é o verdadeiro Reino da vida.

## JESUS CURA TODO TIPO DE DOENÇA

As doenças e moléstias são as piores coisas que podem acontecer a um indivíduo. Jesus se preocupa com as pessoas. Ele Se preocupa com as coisas que tornam miserável e insuportável a vida que Ele pagou na cruz. E é por isso que Ele não tinha problemas em quebrar as leis e antigas tradições feitas pelos homens para ver se as pessoas eram curadas. Em Mateus 9:36, a Bíblia diz que "[Jesus] vendo as multidões, moveu-se com compaixão delas, porque estavam exaustas e dispersas, como ovelhas que não têm pastor". Jesus Se importa profundamente com o que você está sentindo ou se você está sofrendo. Ele não quer isto para você. E por isso Ele mostrou um caminho para que toda doença, padecimento, mazela, disfunção e moléstia fosse curada, e para que você seja feito completo.

Quando Jesus caminhou na Terra, não havia nada que Ele não pudesse curar. Quando Ele Se foi, enviou o Espírito Santo, que trabalha em nós para garantir a plenitude da salvação paga por Jesus na cruz. Então, sabemos que o que era bom para o povo naquela época também é bom para nós hoje, porque Jesus é o mesmo ontem, hoje e para sempre (Hb 13:8). Deus não muda (Ml 3:6). Não há sombra de variação nele (Tg 1:17). Por Sua fidelidade podemos crer que, se Ele os curou naqueles tempos, vai nos curar hoje também.

Mateus 4:23 diz: "E Jesus foi por toda a Galileia, ensinando em suas sinagogas, e pregando o evangelho do reino, e curando todas as espécies de *enfermidades* e todas as espécies de *doenças* entre o povo" (grifo do autor). Jesus curava todas as enfermidades e doenças do povo que vinha a Ele – sem exceções. Não havia nada difícil demais para Ele. Portanto, não deixe que o diabo ou que um médico lhe diga que você tem uma doença incurável. Pode até ser incurável para o médico, mas não para Jesus Cristo.

> *Chegando a tarde, trouxeram-lhe muitos que estavam possuídos por demônios, e ele expulsou os espíritos com a sua palavra, e curou todos os que estavam enfermos.*
>
> Mateus 8:16

O versículo acima não diz nada sobre Jesus mostrar ao povo que não era da vontade de Deus a cura ou o sofrimento. Ele nunca disse: "Deus quer que vocês carreguem este peso para lhes ensinar alguma coisa".

O profeta Isaías diz que Jesus toma para si as nossas enfermidades e dores. (Is 53:4). Mateus 8:17 diz que Ele tomou sobre si as nossas enfermidades e doenças. O que causa dores e enfermidades? Doenças e moléstias. Quando você não está saudável, você não pode desfrutar da bênção e da plenitude de Deus.

Isaías 53 é o capítulo da redenção. O versículo 5 fala sobre ser curado através das feridas de Jesus. A Bíblia diz que Jesus levou trinta e nove chicotadas nas costas e pelo resto do corpo. Existem 39 categorias principais que classificam as doenças e enfermidades. Todas as feridas que Jesus suportou correspondem a cada uma destas categorias.

A passagem literal, escrita na Bíblia, descreve Isaías 53:4 da seguinte forma: "Certamente ele tem carregado nossas tristezas e levado nossas dores". Deus não quer jamais que as pessoas sintam dor. Milhões de reais são gastos em busca do alívio da dor. Dores de dente, de cabeça, no pescoço, no ouvido, nas juntas, nas costas – Jesus quer libertar você da dor. A dor não é a vontade de Deus para você. Jesus morreu para que você pudesse ser curado da doença e da dor.

## COMO VOCÊ PODE SER CURADO

Deus tem várias maneiras de nos curar, baseadas na obra redentora de Cristo. A cura é algo que já foi pago por Jesus – algo pelo que Ele já sofreu. O desejo de ver você curado e seguindo o caminho divino é a razão pela qual Ele passou por tanto sofrimento e tanta dor. Ele tomou para Si a dor e o sofrimento da humanidade. Portanto, Ele fez com que a cura estivesse ao seu alcance por meio de muitos caminhos. São eles:

**1. A cura através da imposição das mãos (Lc 4:40):**

Ele não disse que não era da vontade de Deus que eles fossem curados. Todos os que foram a Jesus receberam a cura. Sem exceções.

**2. A cura através do livramento (Mt 8:16):**

Demônios podem ser a razão pela qual as pessoas têm doenças em seus corpos. Talvez elas tenham um espírito de enfermidade. Leia também Lucas 8:2.

**3. A cura através da quebra de maldições (Gl 3:13):**

As pessoas são atormentadas pela maldição de demônios de enfermidades como a diabetes, pressão alta, doenças do coração, dentre outras. Se há alguma maldição que está atraindo a doença para o seu corpo, saiba que se Jesus foi feito maldição por nós, você pode dizer ao diabo que ele não conseguirá fazer seu corpo ficar doente. Diga a ele: "Eu não me importo se a minha mãe, a minha avó ou a minha bisavó teve a doença; a maldição acaba aqui. Eu a quebro em nome de Jesus". Imponha-se e use sua autoridade! Diga: "Eu não sou amaldiçoado(a). Sou abençoado(a). Meu corpo é abençoado com a cura, em nome de Jesus".

**4. A cura através do óleo ungido (Mc 6:13):**

O óleo ungido representa o Espírito de Deus e a unção. A unção é o que leva a doença e a moléstia para fora de nossos corpos.

O óleo ungido quebra o jugo de escravidão (Is.10:27) e a doença é uma forma de escravidão.

**5. A cura através da fé (Mc 11:23):**

Para algumas pessoas, a doença é uma montanha que está sempre em seus caminhos. Parece ser algo que eles não conseguem superar. Mas Marcos 11:23 diz que quando você tem fé, e não tem dúvidas, você falará com a montanha e ela se moverá. Então, fale com esta montanha da doença; não a escale! Você deve falar com as montanhas: "Lupus, saia de meu corpo e se lance no mar!". "Câncer, saia de meu corpo e se lance no mar!". Mas não tenha dúvidas em seu coração. Este é o motivo pelo qual você deve guardá-lo cuidadosamente. Não junte-se a pessoas que duvidam. Mantenha seu coração livre da dúvida e da descrença. É chegada a hora de você falar com algumas coisas. A todo momento que uma montanha aparecer em seu caminho, em vez de você ficar andando em volta dela, encare-a e diga: "Seja removida!" Cresça em fé. Abra sua boca e fale com a doença. Diga: "Eu ordeno que esta doença deixe o meu corpo em nome de Jesus". Marcos 11:23 diz: "...e fará aquilo que diz." Não se trata apenas de oração. É apenas falar. Há algumas coisas com que você deve apenas falar! "E tudo o que disser lhe será feito".

**6. A cura através da virtude ou do toque (Mc 5:29-30):**

A virtude de Jesus pode estar em você se você orar e jejuar. Lucas 6:19 diz: "E toda a multidão procurava tocar-lhe; porque saía virtude dele, e curava a todos". A adoração é uma maneira de aproximar-se de Deus e tocar Seu coração. Verdadeiros adoradores sabem como estar na presença de Deus. Quanto mais você O adorar, mais você será como as multidões na época de Jesus, que "suplicavam-lhe que apenas pudessem tocar na borda do seu manto; e todos os que nele tocaram foram curados" (Mt 14:36). "Mas a hora vem, e agora é, em que os verdadeiros adoradores adorarão o Pai em espírito e em verdade, porque o Pai procura a tais para adorá-lo". (Jo 4:23) É esta a sua hora?

**7. A cura através da presença de Deus (Lc 5:17):**

"E o poder do Senhor estava presente para curá-los." O louvor e a adoração atraem a presença de Deus, para que então as pessoas sejam curadas. Eles não são apenas um "aquecimento" para a mensagem.

**8. A cura através da oração (Mt 21:22):**

"Todas as coisas" inclui a cura. Tiago 5:16 diz que nós devemos confessar nossas culpas e orar pelo outro para que sejamos curados. Algumas vezes a cura não acontece até que você confesse suas culpas e deixe que alguém ore por você. Algumas vezes a chave da questão é a humildade.

**9. A cura através do dom da cura (1Co 12:9,28):**

Quando Jesus deixou a Terra, Ele disse que faríamos obras maiores do que as que Ele fez. Disse também que mandaria um ajudador para nos instruir e nos guiar nestas grandes obras. O Espírito Santo veio habitar entre os homens, nos dando então a habilidade sobrenatural para realizar as obras de Cristo. Ele realiza isso nos dotando de vários dons, para que todos trabalhemos juntos a fim de levar Deus aos que ainda não O conhecem. Um desses dons é o dom da cura.

*Mas a manifestação do Espírito é dada a cada um para proveito comum. Porque a um é dada, pelo Espírito, a palavra da sabedoria; a outro a palavra do conhecimento, pelo mesmo Espírito; a outro a fé, pelo mesmo Espírito; a outro, os dons de cura, pelo mesmo Espírito; a outro, a operação de milagres; a outro, a profecia; a outro, o discernimento dos espíritos; a outro, diversos tipos de línguas; a outro, a interpretação das línguas. Mas todos estes e o mesmo Espírito trabalham estas coisas, repartindo a cada homem separadamente como ele deseja.*

1 Coríntios 12:7-11,28

**10. A cura através do jejum (Is 58:8):**

Quando você jejua do jeito que Deus lhe pede, Ele diz que "tua luz irromperá como a alva e tua cura brotará de repente. E tua justiça irá diante de ti; a glória do Senhor será tua retaguarda". De acordo com este versículo, você será curado quando jejuar, mas o melhor é que jejuar pode ser uma forma de medicina preventiva. Ele diz: "a glória do Senhor estará na sua retaguarda". Em outras palavras, a doença não pode continuar em você. Deus está na sua retaguarda. Mesmo que todo mundo esteja com gripe suína, você estará saudável. Mesmo que não haja cura para um resfriado comum, você poderá velejar em uma estação fria sem nem ao menos um sintoma de gripe como tosse ou coriza.

Assim, chegará um dia em que nada mais vai acontecer com você, exceto o sacrifício de ficar sem comer por um tempo para render a sua carne ao Espírito Santo de Deus, que traz vida. Jesus fala sobre isto em Mateus 17:21: "Mas esta espécie só sai pela oração e pelo jejum".

**11. A cura através da Palavra (Sl 107:20):**

A Bíblia diz que Deus "enviou a sua palavra, e os curou; e os libertou das suas destruições". (Sl 107:20). Nós também sabemos que a Palavra de Deus não volta para Ele vazia. Ela atinge todos os propósitos para os quais foi enviada. (Is 55:11). Se Ele disse que curaria você, então você está curado. Jesus disse que o homem não viveria apenas de pão, mas de toda a palavra que sai da boca de Deus. É por isto que aprender e meditar na Palavra de Deus é tão importante para a busca da cura. Declare que pela Palavra de Deus você "Não morrerei, mas viverei; e declararei as obras do Senhor". (Sl 118:17). Leia a Palavra. Confesse a Palavra. Tome posse das Escrituras de cura. Acredite em Deus, porque a Sua Palavra cumprirá tudo o que Ele planeja para você.

**12. A cura através do tecido/vestes (At 19:12):**

A unção de cura é transferível. Pode estar na roupa. É tangível. Em minha igreja, nós temos orado as roupas e as pessoas têm sido curadas. Há alguns anos atrás, enquanto eu pregava na Etiópia, tirei minha camisa e a cortei em pedaços pequenos. Nós demos esses pedacinhos a outras pessoas que estavam lá, e ouvimos muitos testemunhos de cura. Uma pessoa queimou o pedaço da camisa na casa de sua mãe, que estava doente, e a fumaça daquele pedaço da camisa a curou. Ela estava de cama há anos, e levantou curada. Em outros países, as pessoas não têm hospitais como temos na América. Elas têm que acreditar em Deus. Elas estão desesperadas pela cura. Elas não têm prescrições médicas, seguro saúde, ou planos de saúde. Então, elas vão aos cultos crendo que, se não conseguirem a cura lá, não conseguirão de nenhum outro jeito. Elas têm muita esperança e muita fé. Deus honra a fé.

*E, quando os homens daquele lugar o reconheceram, eles enviaram por toda aquela região em redor, e trouxeram-lhe todos os que estavam enfermos; e pediram-lhe que ao menos eles pudessem tocar a orla da sua veste, e todos quantos a tocavam ficavam perfeitamente sãos.*

Mateus 14:35-36

*E Deus fazia milagres especiais pelas mãos de Paulo, de modo que até os seus lenços e aventais se levavam aos enfermos, e as enfermidades se retiravam deles, e os espíritos malignos saíam deles.*

Atos 19:11-12

## DECLARAÇÕES DE CURA

Pelas feridas de Jesus eu sou curado. Ele levou minha doença; Ele carregou minha dor. Eu creio que é da vontade de Deus que eu seja curado.

---

Em nome de Jesus, eu quebro toda maldição de enfermidade, doença e morte prematura do meu corpo.

---

Em nome de Jesus, eu quebro toda maldição de feitiçaria e destruição sobre o meu corpo vindas de ambos os lados de minha família.

---

Em nome de Jesus, eu falo com cada doença em meu corpo e ordeno que o deixem.

---

Em nome de Jesus, eu falo com a diabetes, com a pressão alta, com o ataque do coração, com o derrame e com a esclerose múltipla. Sejam removidos e lançados no mar.

---

Eu falo com o coração, com os rins, com as costas, o pulmão e com os problemas do fígado. Sejam removidos e lançados no mar.

---

Eu falo com os problemas do sangue, do esqueleto e com as debilidades dos ossos. Sejam removidos e lançados no mar.

---

Eu falo com o lupus e com todas as outras moléstias. Eu ordeno que deixem o meu corpo.

---

Toda doença e moléstia escondidas em mim, eu ordeno que deixem o meu corpo, em nome de Jesus.

---

Artrite, dor e reumatismo, vocês devem ir embora, em nome de Jesus.

---

Eu ordeno que todas as dores deixem o meu corpo, em nome de Jesus.

---

Eu combato as doenças de pele, em nome de Jesus.

---

Eu digo às infecções que saiam do meu corpo, em nome de Jesus.

---

Eu ordeno às doenças respiratórias, asma, rinite alérgica, sinusite, congestionamento nasal e pneumonia a saírem do meu corpo, em nome de Jesus.

---

Dores nas juntas e outros problemas devem sair de mim, em nome de Jesus.

---

Eu combato os problemas e enfermidades que me afetam como mulher – lupus, fibrose cística e tumores nos órgãos femininos. Eu ordeno que estes tumores morram! Eu lanço o fogo de Deus para queimá-los, em nome de Jesus.

---

Eu combato as doenças nervosas, insônia e refluxo. Deus não me deu o espírito do medo, mas do amor, do poder, e da lucidez.

---

Problemas de coração e circulatórios, batidas irregulares do coração, angina e apoplexia devem deixar meu corpo. Eu sou o templo do Espírito Santo. Vão embora, em nome de Jesus.

---

Eu falo com os problemas digestivos e alergias a certos tipos de comida. Não há lugar para vocês no meu corpo. Vocês devem sair, em nome de Jesus.

---

Eu quebro todo vício em pílulas para dor, em nome de Jesus.

---

Hérnia de disco e discos corroídos; problemas nas costas e no pescoço – sejam realinhados e coloquem as minhas costas no lugar, em nome de Jesus.

---

Eu lanço milagres de cura em meu corpo, em nome de Jesus.

---

Eu creio no Deus dos milagres e da cura em minha vida e na de minha família, onde quer que eu vá, em nome de Jesus.

---

Obrigado, Senhor, por me curar e me livrar de todas as doenças e dores, em nome de Jesus.

---

Eu falo com todos os problemas: vocês devem me obedecer.

---

Eu falo com os milagres, as curas, com os sinais e com as maravilhas. Sejam lançados sobre mim, em nome de Jesus.

---

Obrigado, Senhor, pois a saúde e a cura estão comigo agora.

---

## EXPULSANDO E RENUNCIANDO O ESPÍRITO DA ENFERMIDADE *

Perdoe-me, Senhor, por permitir que qualquer medo, culpa, autorejeição, ódio, falta de perdão, amargura, pecado, orgulho ou revolta abrisse a porta para qualquer doença ou enfermidade. Eu renuncio estas coisas em nome de Jesus.

---

Jesus tomou sobre si as minhas doenças e enfermidades. (Mt 8:17).

---

* Excertos desta seção foram retirados do livro de John Eckhardt, *Orações Que Derrotam Demônios* (Niterói, RJ: BV Films, 2011), 98-102.

Eu quebro, repreendo e expulso qualquer espírito cancerígeno que tente fixar-se em meus pulmões, ossos, peito, garganta, coluna, costas, fígado, rins, pâncreas, pele ou estômago, em nome de Jesus.

---

Eu repreendo e expulso todos os espíritos causadores de diabetes, pressão alta, pressão baixa, ataques do coração, derrame, falência dos rins, leucemia, doenças no sangue, problemas respiratórios, artrite, lupus, mal de Alzeimer ou insônia, em nome de Jesus.

---

Eu expulso todo espírito de enfermidade que venha sobre minha vida através do orgulho, em nome de Jesus.

---

Eu expulso qualquer espírito de enfermidade que venha sobre minha vida através de algum trauma ou de algum acidente, em nome de Jesus.

---

Eu expulso qualquer espírito de enfermidade que venha sobre minha vida através da rejeição, em nome de Jesus.

---

Eu expulso qualquer espírito de enfermidade que venha sobre minha vida através da bruxaria, em nome de Jesus.

---

Eu repreendo qualquer doença que venha comer minha carne, em nome de Jesus (Sl 27:2).

---

Eu quebro toda maldição de doença e moléstia, e ordeno que todos os espíritos de doenças hereditárias saiam (Gl 3:13).

---

Nenhuma doença ou praga chegará perto de minha morada (Sl 91:10).

---

Eu ordeno a todo germe ou doença que tocar o meu corpo que morra, em nome de Jesus.

---

Sou remido da doença e da moléstia (Gl 3:13).

---

Eu estou livre de qualquer enfermidade (Lc 13:12).

---

# Capítulo 1

# QUAL É O VALOR?

***Então o espírito imundo, convulsionando-o, e gritando em alta voz, saiu dele. E imediatamente sua fama se espalhou por toda a região ao redor da Galileia. E, quando o sol se pôs, trouxeram-lhe todos os que estavam enfermos, e os possuídos com demônios. E toda a cidade estava reunida à porta. E ele curou muitos que estavam enfermos de diversas enfermidades, e expulsou muitos demônios.***

Marcos 1:26, 28, 32-34, GRIFO DO AUTOR

QUANDO O POVO SOUBE que Jesus estava vindo para sua região, todos saíram correndo para encontrá-lO. Alguns viajaram de muito longe a pé ou de mula. Alguns ficaram com Ele dias a fio, e sem comida. Outros, aleijados e mutilados, foram carregados até a cidade por seus amigos e pela família. Uma pessoa entrou em uma casa que Jesus estava pelo telhado, com a ajuda de um amigo. As pessoas na multidão se empurravam e corriam o risco de serem pisoteadas para chegar perto de Jesus. A cura, a libertação e a fome pela Palavra eram tão valiosas para eles que até colocavam suas vidas e sua segurança em risco. Eles sabiam que, se pudessem ao menos chegar perto de Jesus, todas as preocupações seriam acalmadas e as necessidades seriam supridas.

Qual é o valor da cura para você? Você está disposto a viajar longas distâncias, ficar sem comida, enfrentar multidões e fazer o que for preciso para chegar a um lugar onde a unção é ativa e eficaz?

As pessoas queriam ouvir Jesus porque Ele ocasionou uma demanda pela liberdade. Quando as pessoas ouvirem falar sobre milagres, elas se reunirão para ouvir a Palavra de Deus. Elas chegarão com esperança e fé, e receberão a unção dos servos de Deus. *Não há nada que substitua os milagres.* Os servos de Deus causarão uma fome no coração das pessoas. E os corações famintos sempre se unem e buscam a unção.

Se queremos pessoas famintas, devemos ter milagres. Algumas igrejas se perguntam por que seus fiéis são tão descrentes e apáticos para servirem a Deus. As pessoas se arrastam para ir ao culto. Alguns pastores tentam todos os tipos de programas para aumentar a empolgação do povo, mas não há nada que substitua o caminho de Deus. Onde há milagres, há muitas pessoas reunidas. Os milagres aumentam a autenticidade da nossa salvação, e o povo busca valorizar a presença de Deus cada vez mais. Os níveis da fé se elevam quando os milagres acontecem.

> *E imediatamente muitos se reuniram, de modo que não havia lugar para recebê-los, nem mesmo diante da porta; e ele lhes pregava a palavra.*
>
> Marcos 2:2

Conforme as pessoas se reuniam para ouvir a Palavra, não havia mais espaço suficiente. Este foi o resultado de Sua "fama por toda a província da Galileia". Eu gosto de ministrar em lugares lotados. Quando uma igreja está cheia, há um nível maior de fé e esperança nas pessoas. E isto mostra o quanto o povo daquele determinado lugar valoriza a unção e o quanto aquelas pessoas desejam ser curadas. Quando uma igreja está quase vazia, me parece ser mais difícil ministrar. Precisamos da unção para edificar mais igrejas – mas também precisamos da unção para enchê-las. Tenho estado em igrejas em que há lugares para mil pessoas, no entanto apenas cem comparecem.

Algumas só vão à igreja porque o pastor diz para elas irem ou apenas porque já estão acostumadas. Milagres, profecias e curas não vão fluir nos servos de Deus enquanto eles não os buscarem. É claro que o pastor pode provocar os dons de Deus e ministrar pela fé. Porém, quando a fé das pessoas é grande, é muito mais fácil ministrar. Dar e receber a unção baseia-se numa relação de reciprocidade. Quanto mais você quiser receber, e quanto mais valor a unção tiver para você, mais você a buscará e a atrairá para si mesmo, e mais o Espírito Santo inundará o ministro com a unção, fazendo com que todos sejam tocados e curados.

Jesus não pôde, em Sua própria cidade natal, fazer nenhuma obra *poderosa* por causa da falta de fé das pessoas. A falta de fé interrompe o fluxo da unção. A fé libera o fluxo. Os descrentes não poderão buscar a unção, mas os que têm fé poderão.

Quanto mais as pessoas ouvirem e aprenderem sobre a unção, maior será a capacidade de busca delas. Como pastor em uma igreja local, eu ensino aos membros sobre os diferentes dons e unções. Quando eu ensino sobre o dom da cura, edifico a fé deles para a cura. Quando alguns ministros vêm à nossa igreja, eu falo com os membros sobre a unção na vida dessas pessoas. Assim, eles têm a responsabilidade de atrair a unção e buscarem-na pela fé.

Você verá que a maioria das pessoas que recebeu os milagres de Jesus veio ou foi trazida a Ele. Muitas suplicaram por Ele.

> *E aconteceu do pai de Públio estar doente de febre e fluxo sangrento, e entrando Paulo a vê-lo, depois de orar, impôs suas mãos sobre ele e o curou. Então, sendo feito isto, também outros enfermos da ilha vieram e foram curados, os quais também nos honraram com muitas atenções, e quando estávamos para partir, nos proveram das coisas que eram necessárias.*
>
> Atos 28:8-10

Depois que o pai de Públio foi curado, todos na ilha de Malta buscaram a cura. Aquele único milagre aumentou o valor da unção de Paulo. Isto fez com que o povo fizesse o que estivesse ao alcance para receber um pouco do que Paulo tinha. E observe que eles honraram Paulo, e com muitas honras. Honrar um servo de Deus é a chave para receber dele ou dela a unção. Falaremos mais sobre a honra em outro capítulo à frente. A Escritura afirma que as pessoas vieram. Elas vieram com a doença, esperando serem curadas. Elas colocaram determinação na fé e vieram.

Os passivos e apáticos não recebem a graça da unção. Nós não podemos ser passivos e esperar receber a unção desses dons. Devemos ser firmes na fé. As pessoas devem ter fome e sede pelas coisas do Espírito. Almas famintas sempre buscarão a unção.

Qual é o valor da cura para você? Até onde você seguiria os comandos de Deus para aproveitar tudo o que Ele tem para oferecer a você?

## ORAÇÕES QUE AUMENTAM A FOME PELA UNÇÃO DE CURA

Ó Deus, deixe-me encontrar contigo face a face, e então minha vida será preservada (Gn 32:30-31).

---

Seguirei as instruções do homem de Deus, para que meu corpo seja restaurado como o de uma criança, e eu estarei limpo (2Rs 5:14).

---

Declaro que tudo está bem comigo e com minha família, não importa o que pareça para os meus olhos. Eu irei e buscarei o homem de Deus para que ele possa propagar a sua unção sobre as debilidades de nossa saúde. Ele respirará dentro de nós, e nos levantaremos para uma nova vida (2Rs 4:8-37).

---

Eu Te seguirei, Senhor Jesus. Eu clamarei por Ti, "Filho de Davi, tenha misericórdia de mim!" Eu creio que Tu és capaz de me curar e me restaurar. Toque-me e deixe-me viver de acordo com minha fé (Mt 9:27-30).

---

Filho de Davi, tenha misericórdia de mim e não me despeça. Venho de uma região distante, clamando por Sua cura. Eu Te adoro, Senhor. Ajude-me! Tenho fome até mesmo das migalhas que caem de Sua mesa. Deixe que a minha cura venha até mim como eu desejo (Mt 15:22-28).

---

Jesus, eu venho a Ti em meio à multidão. Estou mais faminto por Sua cura do que por comida. Sinto Sua compaixão por mim, e sei que Tu irás me curar (Mt 15:30-33).

---

Jejuarei de acordo com o Seu ensinamento. Eu sei que minha cura surgirá como a manhã. Minha cura brotará rapidamente (Is 58:6-8).

---

Tenho caminhado diante de Ti, ó Senhor, em verdade e com um coração leal. Tenho feito o que é bom de acordo com a Tua visão. Eu choro amargamente diante de Ti. Sei que ouvistes minha oração e tens visto minhas lágrimas. Certamente, Tu me darás a cura (2Rs 20:3-5).

---

Eu me humilho diante de Ti, ó Deus. Eu oro e busco a Tua face. Desvio-me dos maus caminhos. Então, sei que ouvirás minhas orações do céu. Tu perdoarás meus pecados e me darás a cura (2Cr 7:14).

---

Tende piedade de mim, ó Senhor, pois eu sou fraco. Cura-me, pois meus ossos tremem (Sl 6:2).

---

Senhor, tende misericórdia de mim e cure minha alma (Sl 41:4).

---

Eu declaro que este é o meu tempo de ser curado (Ec 3:3).

---

Tu tens visto meus caminhos e me darás a cura. Também me guiará e tornará a me consolar, a mim e às minhas tristezas (Is 57:18).

---

Palavras de louvor estão em meus lábios. A paz deve estar junto a mim, para que o Senhor me cure (Is 57:19).

---

Cura-me, ó Senhor, e serei curado. Salva-me, e serei salvo. Tu és meu louvor (Jr 17:14).

---

Tu restaurarás minha saúde e curarás todas as minhas feridas (Jr 30:17).

---

Tu me trarás saúde e cura. Tu me darás a cura e me mostrarás a abundância da paz e da verdade (Jr 33:6).

---

Tu me disseste: "Irei a você e lhe darei a cura" (Mt 8:7).

---

O poder do Senhor está aqui para curar-me (Lc 5:17).

---

Que as notícias de Teu poder de cura, ó Senhor, tenham efeito cascata, atraindo a todos os que estão perto e longe, para que também sejam curados (At 28:8-10).

---

Que muitos se reúnam até que não haja mais espaço para ninguém, para que eles possam ouvir a pregação da Palavra e ser curados (Mc 2:2).

---

Eu atravessarei as multidões, e ninguém me impedirá até que eu esteja em Tua presença. Se eu ao menos puder tocar a barra das Tuas vestes, sei que estarei curado (Mc 5:27-28).

---

Tenho fome e sede de Tua justiça, e sei que serei satisfeito (Mt 5:6).

---

# ORAÇÕES PARA AMARRAR A RAIVA, A AMARGURA E A FALTA DE PERDÃO

## RAIVA

Eu repudiarei a raiva e abandonarei a ira para me conectar com Deus. Se eu esperar nele, eu herdarei a terra (Sl 37:8-9).

---

Todo o meu corpo está doente, e minha saúde está acabada por causa dos meus pecados. Mas eu os confesso e lamento profundamente por tudo o que fiz. Não me abandone, ó Senhor. Venha rapidamente em meu auxílio, ó Senhor, meu Salvador (Sl 38:3,18,22).

---

Direi palavras delicadas, palavras tenras e palavras de vida que afastem a ira e a raiva de mim. Não afligirei ninguém com minhas palavras (Pv 15:1).

---

Apaziguarei a contenda contra minha saúde e família, ignorando a raiva (Pv 15:18).

---

Sou melhor do que o poderoso, pois eu controlo minha ira. Há mais ganho em controlar o meu espírito do que em conquistar uma cidade (Pv 16:32).

---

Eu sou prudente ao conter minha raiva; ganho estima ao passar por cima da transgressão (Pv 19:11).

---

Não pecarei contra minha própria alma provocando a raiva do Rei (Pv 20:2).

---

Silenciarei a raiva com um dom secreto (Pv 21:14).

---

Declaro que o reinado da raiva em minha vida chegou ao fim (Pv 22:8).

---

Eu afasto a crueldade e a destruição advindas da ira e da raiva. Elas não mais inundarão minhas emoções (Pv 27:4).

---

Serei cauteloso com a raiva e ela não mais repousará em meu íntimo (Ec 7:9).

---

Que toda ira e raiva se afastem de mim (Ef 4:31).

---

Sou uma nova pessoa, que foi renovada segundo a imagem daquele que me criou; por isso, eu me afasto da ira (Cl 3:8-10).

---

Não desencorajarei meus filhos provocando raiva neles (Cl 3:21).

---

## AMARGURA

Senhor, entrego a amargura de minha alma a Ti. Por favor, olhe para minhas aflições e lembre-Se de mim. Estarei em paz porque Tu concedeste minha petição (1Sm 1:10-11,17).

---

Falarei abertamente contigo, Senhor, e entregarei toda minha amargura para Ti (Jó 7:11).

---

Falarei contigo, Senhor, na amargura de minha alma. Encontrarei a raiz do porquê meu espírito contenda com o Teu (Jó 10:1-2).

---

Declaro que não morrerei na amargura de minha alma, e então me deleitarei com prazer (Jó 21:25).

---

Meu coração conhece suas próprias amarguras (Pv 14:10); Eu as lançarei a Ti.

---

Criarei filhos sábios, que não me causarão dor ou sofrimento (Pv 17:25).

---

Tenho muitas amarguras, mas em amor Tu me libertas da cova da corrupção. Tu lançaste todos os meus pecados para trás de Tuas costas (Is 38:17).

Eu estava amargurado na indignação do meu espírito, mas a mão do Senhor me levantou (Ez 3:14).

Arrependo-me de minha iniquidade e oro para que Deus perdoe os pensamentos do meu coração, pois estou preso pela amargura e iniquidade (At 8:21-23).

Minha boca está cheia de maldades e amarguras, mas Tu me mostraste um caminho melhor e eu sou feito justo em Tua visão (Rm 3:14, 21-22).

Diligentemente olho dentro de mim mesmo para que eu não seja contaminado por nenhum tipo de amargura que possa brotar (Hb 12:15).

## PERDÃO

Irei até meu irmão e o pedirei para me perdoar de minhas transgressões contra ele (Gn 50:17).

Eu oro para que meu irmão me perdoe, para que então, quando eu estiver diante de Deus, Ele tire esta morte de mim (Êx 10:17).

---

Assim como Moisés, venho a Ti para pedir perdão em favor de Teu povo e de mim mesmo. Obrigado, Deus, pois perdoaste todos os que pecaram contra Ti e os riscaste do Teu livro (Êx 32:32-33).

---

Deus, agradeço a Ti, pois quando escutas nossas súplicas também nos perdoa (1Rs 8:30).

---

Tu escutaste dos céus, perdoaste meus pecados, e levaste-me de volta à terra que prometeste aos meus pais (1Rs 8:34).

---

Tu escutaste dos céus, perdoaste meus pecados, e me ensinaste o bom caminho por onde devo seguir (1Rs 8:36).

---

Tu escutaste dos céus, perdoaste meus pecados e me deste de acordo com os meus caminhos, porque Tu conheces o meu coração (1Rs 8:39).

---

Perdoe meus pecados e tenha compaixão de mim (1Rs 8:50)

---

Sou chamado pelo Teu nome e me humilhei diante de Ti. Eu oro e busco a Tua face, e me afastei dos maus caminhos. Agora Tu ouvirás dos céus, perdoará meus pecados e me dará a cura (2Cr 7:14).

---

Olhe para minhas aflições e minha dor, e perdoe todos os meus pecados (Sl 25:18).

---

Tu, ó Senhor, és bom e estás sempre pronto a perdoar. Tua misericórdia é plena para todos aqueles que invocam a Ti (Sl 86:5).

---

O Senhor declara que perdoará minhas iniquidades e não mais Se lembrará de meus pecados (Jr 31:34).

---

Ó Senhor, escute. Ó Senhor, perdoe. Ó Senhor, ouça e faça! Pois fui chamado pelo Teu nome (Dn 9:19).

---

Enquanto eu perdoo os outros, Senhor, eu oro a Ti para que me perdoes (Mt 6:12).

---

Eu perdoarei aqueles que erraram comigo, porque se eu não os perdoar, não receberei o perdão de Deus (Mt 6:14-15).

---

Tu me curaste e disseste: "Levanta-te, toma o teu leito, e vai para tua casa", por isso eu sei que Tu tens o poder de perdoar os pecados da Terra (Mt 9:6).

---

Assim como o servo que devia ao rei dez mil talentos, também eu fui grandemente perdoado. Portanto, eu perdoarei todos aqueles que pecaram contra mim, para que eu não seja entregue aos torturadores (Mt 18:23-35).

---

Perdoarei toda pessoa que for necessário, e então, quando eu estiver orando, o meu Pai Celestial me perdoará também (Mc 11:25).

---

Se eu perdoar os outros, eu serei perdoado (Lc 6:37).

---

Perdoe os meus pecados porque também tenho perdoado aqueles que têm dívidas comigo. Mantenha-me longe da tentação e livra-me do mal (Lc 11:4).

---

Se meu irmão me feriu, eu o direi que ele me feriu. E depois, se ele me pedir perdão, eu o perdoarei. Se ele continuar a me ferir e me pedir perdão novamente, eu o perdoarei novamente (Lc 17:3-4).

---

Com Jesus, eu oro: "Pai, perdoa-lhes, porque eles não sabem o que fazem." (Lc 23:34).

---

Eu declaro que Satanás não tirará nenhuma vantagem sobre mim, porque eu caminho no perdão assim como Cristo fez. Não sou ignorante diante das artimanhas do diabo (2Co 2:10-11).

---

Eu confesso meus pecados diante de Deus, e sei que Deus é fiel e justo para me perdoar e me purificar de toda injustiça (1Jo 1:9).

---

Eu confesso minhas culpas para meus companheiros na fé, e nós oramos uns pelos outros para que sejamos curados, porque a seriedade da oração de um justo tem grande poder e resultados maravilhosos (Tg 5:16).

---

Fui enviado aos gentios para abrir-lhes os olhos, tirá-los da escuridão, levá-los para a luz e libertá-los do poder de Satanás, para que eles possam receber o perdão (At 26:18).

---

Pelo sangue de Cristo, fui remido e perdoado pelos meus pecados de acordo com as riquezas da Sua graça (Ef 1:7).

---

Deus Pai, Tu me livraste do poder das trevas e me levaste para o reino de Teu Filho, onde fui remido e perdoado de todos os meus pecados (Cl 1:13-14).

---

## A CURA QUE PROVÉM DA OBEDIÊNCIA

Obedecerei à voz do meu Pai de acordo com tudo o que Ele me ordenar (Gn 27:8).

---

Eu me levantarei, obedecerei Tua voz e fugirei dos meus inimigos (Gn 27:43-44).

---

Há um tesouro especial guardado no Senhor para mim, porque obedeço Sua voz e guardo a Sua aliança (Êx 19:5).

---

Obedecerei à voz do anjo do Senhor que me mantém no caminho certo e me leva ao lugar que o próprio Deus preparou para mim (Êx 23:20).

---

Obedecerei ao anjo do Senhor senão ele não perdoará meu pecado, pois o nome do Senhor está nele (Êx 23:21).

---

Se obedeço ao anjo do Senhor e faço tudo o que Deus ordenou através dele, meus inimigos serão também os inimigos de Deus (Êx 23:22).

---

Sou abençoado porque obedeço aos mandamentos do Senhor (Dt 11:27)

---

Seguirei meu Senhor Deus, obedecerei aos Seus mandamentos e temerei somente a Ele. Eu O servirei e me apegarei a Ele (Dt 13:4).

---

Obedecerei à voz do Senhor meu Deus e cumprirei todos os Seus mandamentos e decretos ordenados hoje a mim (Dt 27:10).

---

Serei reduzido em número se não obedecer à voz do Senhor (Dt 28:62).

---

Voltarei ao Senhor meu Deus. Obedecerei à Sua Voz de acordo com tudo o que Ele ordenou a mim. Com todo meu coração e alma, de geração em geração, meus filhos e eu obedeceremos a Deus. Ele nos libertará de qualquer prisão do inimigo e terá compaixão de nós (Dt 30:2-3).

---

O Senhor meu Deus enviará maldições a todos os meus inimigos, porque eu obedeço à Sua voz e faço tudo o que Ele ordena (Dt 30:7-8).

---

O Senhor abençoará todo trabalho de minhas mãos, todo fruto de meu corpo e todo fruto de minha terra. Ele Se regozijará em mim porque eu O obedeço e ouço Sua voz (Dt 30:9-10).

---

Eu obedeço à voz do Senhor, pois Ele é minha vida, e a Ele pertence a extensão dos dias (Dt 30:20).

---

Servirei a Deus meu Senhor, e à Sua voz obedecerei (Js 24:24).

---

Não me recusarei a ouvir a voz do profeta de Deus (1Sm 8:19).

---

Temerei a Deus, O servirei e obedecerei à Sua voz. Não me rebelarei contra os mandamentos do Senhor. A mão do Senhor está comigo (1Sm 12:14-15).

---

Minha obediência à voz do Senhor é melhor do que qualquer sacrifício (1Sm 15:22).

---

Não serei como os antepassados de Israel. Serei humilde e submisso em obediência ao Senhor. Estarei atento às maravilhas que Deus faz em meu favor, pois Ele é cheio de graça e misericórdia, pronto a perdoar, paciente e cheio de bondade. Ele não me abandonou (Ne 9:16-17).

---

Passarei meus dias em prosperidade e meus anos em alegria. Não perecerei, nem morrerei sem sabedoria, pois eu obedeço e sirvo ao Senhor (Jó 36:11-12).

---

Assim que eu ouvir a Deus, me submeterei a Ele e O obedecerei (Sl 18:44).

---

Os corvos não arrancarão meus olhos, e nem os filhotes de abutres os devorarão. Não zombarei de meu Pai e nem deixarei de obedecer minha mãe (Pv 30:17).

---

Obedecerei à Sua voz, e Tu serás meu Deus. Andarei em todos os caminhos que o Senhor me ordenar, e o bem andará sempre comigo (Jr 7:23).

---

Obedecerei à voz do Senhor, e Ele me dará a terra que jurou aos meus antepassados – uma terra em que manam leite e mel (Jr 11:4-5).

---

O Senhor Se levantou e me advertiu: "Obedecei à minha voz." (Jr 11:7).

---

Senhor, Tu disseste que se eu não Te obedecer, Tu me arrancarás e me destruirás (Jr 12:17).

---

Se eu não Te obedecer, Tu retirarás o bem que concederia a mim (Jr 18:10).

---

Corrigirei meus feitos e meus caminhos. Obedecerei à voz do Senhor meu Deus, e Ele renunciará a desgraça que pronunciou contra mim (Jr 26:13).

---

Obedecerei à voz do Senhor para que eu fique bem e minha alma seja poupada (Jr 38:20).

---

Quer eu goste ou não, obedecerei a voz do Senhor meu Deus, que será melhor para mim (Jr 42:6).

---

Reinos e domínios deverão ser dados a mim porque eu obedeço e sirvo ao Altíssimo (Dn 7:27).

---

Transgredi a lei e me afastei de Deus por não ouvir Sua voz. Agora maldições e pragas se derramaram contra mim (Dn 9:11).

---

Aqueles que vêm de longe construirão o templo do Senhor, pois eu obedeci diligentemente à voz do Senhor, meu Deus (Zc 6:15).

---

Declaro que, como os ventos e os mares obedeceram a Jesus, os ventos e os mares que surgirem em minha vida obedecerão a mim (Mt 8:27).

---

Com autoridade, eu ordeno que até mesmo os espíritos imundos obedeçam a mim (Mc 1:27).

---

Todos os que estiverem à minha volta ficarão apavorados, dizendo uns aos outros: "Que espécie de homem é este, que até o vento e o mar lhe obedecem?" (Mc 4:41).

---

Com minha fé do tamanho de uma semente de mostarda, falarei à amoreira e a ordenarei ser arrancada e enraizada no mar, e ela me obedecerá (Lc 17:6).

---

Eu obedeço a Deus em vez de obedecer aos homens (At 5:29).

---

Deus me deu o Espírito Santo porque eu O obedeço (At 5:32).

---

Não serei como os antepassados de Israel, que não obedeciam, mas rejeitavam o homem de Deus e voltavam seus corações para o Egito (At 7:39).

---

Que eu não seja como estes que obedecem à injustiça, à indignação e à ira, pois haverá tribulação e angústia para eles (Rm 2:8-9).

---

Que nenhum pecado reine em meu corpo fazendo-me obedecer aos meus desejos (Rm 6:12).

---

Sou escravo de tudo aquilo a que submeto-me a obedecer, seja a um pecado que leve à morte, ou a Deus que me leva ao que é justo (Rm 6:16).

---

Eu expulso o inimigo de minha alma, que tenta me enfeitiçar para que eu não obedeça à verdade. Diante de meus olhos, Jesus Cristo foi evidenciado e crucificado (Gl 3:1).

---

Quando eu não correr bem, saibam que algo ou alguém me impediu de obedecer à verdade (Gl 5:7).

---

Meus filhos obedecerão e honrarão seu pai e sua mãe, então tudo ficará bem com eles e eles terão vida longa na Terra (Ef 6:1-3).

---

Meus filhos me obedecerão em todas as coisas, porque isto agrada ao Senhor (Cl 3:20).

---

Eu obedecerei àqueles para quem trabalho, não com olhos de um servo ou de um pedinte, mas com sinceridade de coração, temendo a Deus (Cl 3:22).

---

Eu conheço a Deus e obedeço ao Evangelho do Senhor Jesus Cristo; portanto, não serei punido com nenhuma destruição e não serei banido da presença do Senhor, de Sua glória e de Seu poder (2Ts 1:7-9).

---

Se eu não obedecer às palavras dos apóstolos, não terei a companhia do povo de Deus e serei envergonhado (2Ts 3:14).

---

Que eu lembre a todos que se sujeitam aos governantes e autoridades para serem obedientes, estarem sempre prontos a fazer tudo o que é bom, não caluniarem a ninguém, serem pacíficos e amáveis e mostrarem sempre verdadeira mansidão para com todos os homens (Tt 3:1-2).

---

Deixe-me ser um filho assim como Cristo, que aprendeu a obedecer por meio das coisas que sofreu e tornou-Se perfeito (Hb 5:8-9).

---

Obedecerei a todos os que são meus líderes. Eu me sujeitarei a eles porque velam por minha alma como quem deve prestar contas dela (Hb 13:17).

---

Assim como colocamos freios na boca dos cavalos, permita-me frear meu próprio corpo para que ele obedeça (Tg 3:2-3).

---

Que a mulher seja submissa ao seu marido para que, mesmo que ele não seja obediente à Palavra, ele seja salvo pela conduta de sua mulher (1Pe 3:1).

---

Porque já é tempo que comece o julgamento pela casa de Deus. E se primeiro começa por nós, que fim terão aqueles que não obedecem ao Evangelho de Deus? (1Pe 4:17)

---

Recebo graça e discipulado de Jesus Cristo meu Senhor para que eu possa ser obediente pela fé dentre as nações por causa do Seu nome (Rm 1:3-6).

---

Jesus, agradeço pois pela Sua obediência muitos foram feitos justos (Rm 5:19).

---

Minha obediência é conhecida por todos, mas ainda devo permanecer sábio no bem e simples no mal (Rm 16:19).

---

O mistério do Evangelho é agora manifestado e conhecido por todas as nações pela obediência da fé (Rm 16:26).

---

O homem de Deus tem grande afeição por mim, porque ele se lembra da minha obediência (2Co 7:15).

---

Eu repreendo os argumentos e toda pretensão que se levanta contra o conhecimento de Deus, e levo cativo todo o entendimento à obediência de Cristo (2Co 10:5).

---

Punirei toda desobediência quando minha obediência for cumprida (2Co 10:6).

---

Fui escolhido de acordo com o pré-conhecimento de Deus, o Pai, e santificado com Seu Espírito pela obediência, e aspergido com o sangue de Jesus Cristo (1Pe 1:2).

---

## A CURA QUE PROVÉM DA SABEDORIA, DO ENTENDIMENTO E DA CIÊNCIA

Fui enchido com o espírito de sabedoria (Êx 28:3).

---

Sou cheio do Espírito de Deus, em sabedoria, entendimento, ciência e nas capacidades artísticas para designar todo tipo de obra artesanal (Êx 31:3-4).

---

Fui enchido com a sabedoria do coração para realizar todo tipo de obra (Êx 35:35).

---

Fui levado ao santuário do Senhor com outros homens de coração sábio, e me foi dada destreza e capacidade para realizar todo tipo de obra para o serviço do santuário, de acordo com o que o Senhor me ordenou (Êx 36:1).

---

Serei cauteloso ao observar os estatutos e juízos do Senhor, pois eles são minha sabedoria e entendimento perante os olhos das nações, que os ouvirão e dirão: "Certamente, esta grande nação é um povo sábio e inteligente", pois quem tem um Deus tão próximo como o Senhor, que invocamos por qualquer razão? (Dt 4:6-7)

---

Assim como Josué, filho de Num, eu sou cheio do espírito de sabedoria (Dt 34:9).

---

Sou sábio, de acordo com a sabedoria do anjo do Senhor para entender tudo o que há na Terra (2Sm 14:20).

---

A sabedoria de Deus está em mim para administrar a justiça (1Rs 3:28).

---

Assim como a Salomão, Deus me deu sabedoria, entendimento extraordinário e uma largueza de coração tão imensurável quanto a areia do mar (1Rs 4:29).

---

Minha sabedoria excede a sabedoria dos homens (1Rs 4:30).

---

Por causa da sabedoria de Deus em mim, as pessoas virão me ouvir, e até mesmo os reis da Terra (1Rs 4:34).

---

O Senhor me deu a sabedoria que prometeu, assim como fez com Salomão (1Rs 5:12).

---

Por causa da sabedoria de Deus em minha vida, as pessoas virão de todas as regiões para ver a verdade dos meus atos, sabedoria e prosperidade. As pessoas que trabalham comigo são felizes e estarão diante de mim continuamente para ouvir a sabedoria de Deus (1Rs 10:6-8).

---

Por causa da sabedoria de Deus em minha vida, minhas riquezas e minha sabedoria superarão as de todos os reis da Terra. As pessoas buscarão a minha sabedoria, que Deus colocou em meu coração (1Rs 10:23-24).

---

Só o Senhor me dá prudência e discernimento para que eu possa guardar a lei do Senhor meu Deus (1Cr 22:12).

---

Dê-me agora sabedoria e conhecimento para que eu saia diante de Seu povo (2Cr 1:10).

---

Sabedoria e conhecimento me são garantidas, pois está em meu coração pedi-las a Deus para servir ao Seu povo, e não pedir riquezas, bens, ou honra, nem a morte dos meus inimigos, nem tampouco muitos dias de vida (2Cr 1:11-12).

---

Depois que a sabedoria de Deus estiver em minhas mãos, serão nomeados juízes e magistrados para o povo de Deus, e então eles conhecerão as Suas leis (Ed 7:25).

---

Que eu não morra sem sabedoria (Jó 4:21).

---

Deus revelará a mim os segredos da sabedoria, para que assim eu dobre minha prudência (Jó 11:6).

---

Que eu seja como os idosos, pois a sabedoria, o entendimento, e a força estão com eles (Jó 12:12-13).

---

Com o senhor estão a força e a sabedoria (Jó 12:16).

---

O preço da sabedoria está acima dos rubis (Jó 28:18).

---

Eu temo o Senhor, pois nele está a sabedoria; e afastar-me do mal é ter entendimento (Jó 28:28).

---

Os que têm mais idade é que devem falar, e a multidão dos anos me ensina a sabedoria (Jó 32:7).

---

Deus, Tu és poderoso em força e em sabedoria (Jó 36:5).

Deus, só Tu podes colocar a sabedoria em minha mente e entendimento em meu coração (Jó 38:36).

Eu sou feito justo; portanto, minha boca profere sabedoria e minha língua fala de justiça (Sl 37:30).

Minha boca falará sobre sabedoria, e a meditação de meu coração será de entendimento (Sl 49:3).

Tu, Senhor, deseja a verdade em meu interior, e no oculto me faz conhecer a sabedoria (Sl 51:6).

Ensina-me a contar meus dias para que eu possa alcançar a sabedoria em meu coração (Sl 90:12).

Quantas são suas obras, ó Senhor. Em sabedoria Tu fizeste todas elas. A Terra está repleta de Suas criações (Sl 104:24).

Eu temerei o Senhor, pois este é o princípio da sabedoria, e todos os que cumprirem Seus mandamentos terão bom entendimento (Sl 111:10).

Conhecerei a sabedoria e a instrução. Compreenderei as palavras de entendimento (Pv 1:2).

---

Receberei instruções de sabedoria, justiça, juízo e equidade (Pv 1:3).

---

Sou sábio; portanto, ouvirei e aperfeiçoarei meu aprendizado. Sou uma pessoa de entendimento; por isso, buscarei sábios conselhos para entender um provérbio e sua interpretação, e as palavras dos sábios e seus enigmas (Pv 2:5-6).

---

Eu temerei o Senhor, pois este é o princípio do conhecimento. Não serei um tolo que despreza a sabedoria e a instrução (Pv 2:7).

---

Eu me voltarei para a repreensão e os clamores da sabedoria. Não serei tolo ou me deleitarei no desprezo. Não serei como o tolo que odeia o conhecimento, mas receberei sabedoria que o Espírito derrama em mim. Receberei as palavras que me fazes saber (Pv 1:20-23).

---

Inclino meus ouvidos para a sabedoria e aplico meu coração ao entendimento (Pv 2:2).

---

Eu clamo por entendimento e elevo minha voz para o discernimento. Eu os busco como se fossem prata ou um tesouro escondido. Agora eu sei que entenderei o temor ao Senhor, e encontrarei o conhecimento de Deus, porque Ele me dá sabedoria. O conhecimento e discernimento procedem de Sua boca (Pv 2:3-6).

---

Deus guardou sabedoria para mim, e Ele me protege porque ando com integridade (Pv 2:7).

---

A sabedoria entrou em meu coração, e o conhecimento é agradável a minha alma. O bom senso me preserva e o entendimento me guarda, me libertando dos caminhos do mal e dos homens de palavras perversas (Pv 2:10-12).

---

Sou feliz porque encontrei a sabedoria e o entendimento, que são melhores do que os lucros de prata e os benefícios do ouro. A sabedoria é mais preciosa que rubis, e nada pode ser comparado a ela (Pv 3:13-15).

---

A vida longa está na mão direita da sabedoria, e as riquezas e honras estão na esquerda. Os caminhos da sabedoria são agradáveis, e todas as suas veredas são de paz (Pv 3:16-17).

---

Eu abraço a sabedoria, pois ela é a árvore da vida para mim, e sou feliz quando a preservo (Pv 3:18).

---

Pela sabedoria, o Senhor lançou os alicerces da Terra, pelo entendimento, Ele estabeleceu o lugar dos céus, e pelo conhecimento as fontes profundas se romperam e as nuvens gotejaram o orvalho (Pv 3:19-20).

---

Não perderei de vista a sensatez e o equilíbrio, pois são vida para minha alma e enfeite para meu pescoço. Com eles, seguirei meu caminho em segurança, e meus pés não tropeçarão (Pv 3:21-23).

---

Terei sabedoria e entendimento. Não me esquecerei ou me apartarei das palavras de Tua boca. Não abandonarei a sabedoria, pois ela me preserva. Eu a amarei e ela me protegerá (Pv 4:5-6).

---

Sabedoria é o principal; portanto, eu terei sabedoria. E usarei tudo o que possuo para ter entendimento (Pv 4:7).

---

Sou exaltado porque exalto a sabedoria (Pv 4:8).

---

A honra vem até mim porque eu amo a sabedoria (Pv 4:8).

---

Um ornamento de graça e uma coroa de glória são colocados em minha cabeça, porque eu abraço a sabedoria (Pv 4:9).

---

Tu me ensinaste o caminho da sabedoria e conduziste-me pelos caminhos certos. Quando eu caminho, meus passos não são dificultados. Quando eu corro, não tropeço (Pv 4:11-12).

---

Eu me atento à sabedoria do Senhor. Inclino meus ouvidos ao Teu entendimento para que eu possa conservar o bom senso e para que meus lábios guardem o conhecimento (Pv 5:1-2).

---

Amo a sabedoria como a uma irmã, e o discernimento é um membro amado de minha família. Eles me guardam dos comportamentos imorais e das leviandades dos estranhos (Pv 7:4-5).

---

A sabedoria clama por mim, e o discernimento aumenta sua voz para que eu possa escutá-lo (Pv 8:1).

---

Sou de coração prudente e entendido (Pv 8:5).

---

Falo sobre coisas excelentes, e de meus lábios saem coisas boas. Minha boca fala a verdade, e a fraqueza é abominação para meus lábios. Todas as palavras da minha boca são justas. Não há nada de desonesto ou perverso nelas, porque eu opero com o espírito de sabedoria (Pv 8:6-8).

As palavras de sabedoria são todas claras para mim porque eu tenho entendimento; elas são justas para mim porque eu tenho conhecimento (Pv 8:9).

Prefiro instruções sábias a prata, e conhecimento a ouro puro (Pv 8:10).

A sabedoria é melhor do que rubis, e nada que eu deseje pode comparar-se a ela (Pv 8:11).

Porque tenho sabedoria, moro com a prudência e encontro conhecimento e bom senso (Pv 8:12).

Porque tenho sabedoria, os conselhos sensatos e a verdadeira sabedoria são meus. Eu sou o entendimento, e minha é a fortaleza (Pv 8:14).

Tenho o princípio da sabedoria porque temo ao Senhor, e o conhecimento de Sua santidade é o entendimento (Pv 9:10).

A sabedoria é encontrada em meus lábios porque tenho entendimento (Pv 10:13).

---

Eu guardo conhecimento porque sou uma pessoa sábia (Pv 10:14).

---

Não sou um insensato que morre por falta de sabedoria, mas as palavras de minha boca dão sustento a muitos (Pv 10:21).

---

Sou uma pessoa de entendimento; portanto, tenho sabedoria (Pv 10:23).

---

Minha boca produz sabedoria (Pv 10:31).

---

Sou humilde, e a sabedoria está comigo (Pv 11:2).

---

Assim como uma pessoa que tem sabedoria e entendimento, eu refreio a minha língua (Pv 11:12).

---

Que eu seja louvado segundo a minha sabedoria, mas mantenha meu coração longe da perversão para que eu não seja desprezado (Pv 12:8).

---

Cultivo minha terra e tenho fartura de alimento. Mas se eu seguir na futilidade, serei vazio de entendimento (Pv 12:11).

---

A sabedoria está comigo porque sou uma pessoa de bons conselhos (Pv 13:10).

---

Conhecimento e sabedoria vêm facilmente até mim porque eu tenho entendimento (Pv 14:6).

---

Me afastarei da presença de pessoas tolas quando eu não mais perceber em seus lábios o conhecimento (Pv 14:7).

---

Minha sabedoria está em discernir o meu caminho (Pv 14:8).

---

A sabedoria repousa em meu coração porque tenho discernimento (Pv 14:33).

---

Ando com retidão porque tenho entendimento (Pv 15:21).

---

Sou instruído pela sabedoria porque temo ao Senhor (Pv 15:33).

---

É muito melhor para mim escolher sabedoria em lugar do ouro e discernimento em lugar da prata (Pv 16:16).

---

Não serei como o homem vazio de entendimento que se torna fiador da dívida de um amigo (Pv 17:18).

---

Manterei sob minhas vistas a sabedoria porque tenho discernimento (Pv 17:24).

---

Pouparei minhas palavras e terei um espírito calmo, porque tenho conhecimento e entendimento (Pv 17:27).

---

Guardarei minha língua e manterei meus lábios fechados; mesmo quando eu parecer sábio e perceptivo (Pv 17:28).

---

Não serei como o homem que se isola em busca de seus próprios interesses, rebelando-se contra o julgamento sábio, pois ele é um tolo que não se deleita no entendimento, mas em expor o seu próprio coração (Pv 18:1-2).

---

As palavras da minha boca são como água viva. Nela estão palavras de sabedoria verdadeira, que são como um ribeiro transbordante (Pv 18:4).

---

Eu sou alguém com sabedoria porque amo minha própria alma. Guardarei meu entendimento para que eu encontre o bem (Pv 19:8).

---

Nenhuma sabedoria, entendimento ou conselho humanos pode ir contra o Senhor (Pv 21:30).

---

Não trabalharei demais para me tornar um homem rico. Devo conhecer meus limites pelo meu próprio entendimento (Pv 23:4).

---

Não falarei aos ouvidos de um tolo, porque ele irá desprezar a sabedoria de minhas palavras (Pv 23:9).

---

Comprarei a verdade, a sabedoria, a instrução e o entendimento, e nunca os venderei (Pv 23:23).

---

Através da sabedoria, minha casa é construída, e pelo entendimento é consolidada. Pelo conhecimento os cômodos se encherão de bens preciosos e agradáveis (Pv 24:3-4).

---

Sou forte porque sou sábio e cheio de conhecimento (Pv 24:5).

---

Não me deixe ser como o tolo para o qual a sabedoria é demais, mas deixe-me ser capaz de falar sabiamente na presença dos líderes (Pv 24:7).

---

O conhecimento da sabedoria é meu prêmio, e minhas expectativas foram superadas (Pv 24:14).

---

Meu pai regozija-se em mim, porque eu amo a sabedoria e não ando na companhia de pessoas imorais (Pv 29:3).

---

Recebo a vara da correção, pois a ela confere a sabedoria, mas envergonho minha mãe se sou entregue a mim mesmo (Pv 29:15).

---

Abro minha boca com sabedoria e sobre minha língua está a lei da compaixão (Pv 31:26).

---

Entreguei meu coração à busca e à procura de sabedoria para explorar todas as coisas feitas debaixo do céu (Ec 1:13).

---

Vejo que a sabedoria excede a tolice e a luz excede a escuridão, pois meus olhos estão na cabeça, mas um tolo caminha na escuridão (Ec 2:13-14).

---

Sou bom aos olhos do Senhor, pois Ele me dá sabedoria, conhecimento e alegria (Ec 2:26).

---

A sabedoria que Deus me dá é boa como a herança, e tanto a sabedoria quanto o dinheiro são defesas, mas apenas a sabedoria me dá vida (Ec 7:11-12).

---

Sou mais forte do que dez homens poderosos porque tenho sabedoria (Ec 7:19).

---

Sou sábio e capaz de interpretar e analisar as coisas. A sabedoria ilumina minha face e amolece a dureza de meu semblante (Ec 8:1).

---

Dia e noite eu instruo meu coração para conhecer a sabedoria e para ver o trabalho que foi feito na Terra. Então contemplo toda a obra de Deus (Ec 8:16-17).

---

Eu livro cidades inteiras com minha sabedoria, pois a sabedoria é melhor do que a força e as armas de guerra (Ec 9:15-18).

---

Não entregarei minha reputação para a tolice, pois um pouco de insensatez pesa mais do que a sabedoria e a honra, causando mau cheiro (Ec 10:1).

---

Meu coração me leva a fazer as coisas certas porque sou sábio (Ec 10:2).

---

Que toda a sabedoria de Deus me traga sucesso (Ec 10:10).

---

Que eu não seja como o rei da Assíria, pensando que pela força de minhas mãos eu faço tudo, ou que pela minha própria sabedoria eu sou prudente (Is 10:13). Para isto o Senhor meu Deus me faz forte e sábio.

---

O Espírito do Senhor repousa sobre mim, e o espírito de sabedoria e entendimento, o espírito de conselho e fortaleza, o espírito de conhecimento e de temor ao Senhor também repousam sobre mim, porque o meu deleite é o temor ao Senhor (Is 11:2-3).

---

Sabedoria e conhecimento são minha estabilidade nestes tempos. São a força de minha salvação, e o temor ao Senhor é meu tesouro (Is 33:6).

---

Não rejeitarei a Palavra do Senhor, pois onde está a sabedoria nisto? (Jr 8:9).

---

Não me glorificarei em minha própria sabedoria, poder ou riqueza, mas me glorificarei no conhecimento e no entendimento do Senhor. Ele é o EU SOU, que pratica o amor, a caridade, a justiça e a retidão na Terra. Nestas coisas eu me deleito (Jr 9:23-24).

---

Obrigado, Senhor, por ter feito a Terra com o Teu poder, firmado o mundo com a Tua sabedoria e estendido os céus com o Teu entendimento (Jr 51:15). Eu sei que Tu estenderás Teu poder, sabedoria e entendimento para me curar.

---

Que eu não enriqueça através de minha própria sabedoria e entendimento. Que meu coração não seja elevado pelas riquezas mundanas (Ez 28:4-5), mas que eu humildemente receba a sabedoria e o entendimento que Deus dá, para que então eu possa ser feito completo – em corpo, mente e espírito.

---

Que os estranhos ou que a mais terrível das nações não venha contra mim para levantar suas espadas contra a beleza de minha sabedoria e me corrompam (Ez 28:7), mas que eu seja envolto na humildade e seja coberto pela força da mão da sabedoria única de Deus, para que se cumpram todas as Suas promessas de cura.

---

Assim como Daniel, sou presenteado diante do rei, como uma criança sem defeito. Sou favorecido e presenteado em sabedoria, possuindo conhecimento, e rápido no entendimento (Dn 1:4).

---

Assim como Daniel e seus amigos, Deus me deu conhecimento e habilidades para aprender, e sabedoria e entendimento para interpretar todos os sonhos e visões (Dn 1:17).

---

Em todas as questões de sabedoria e entendimento, sou dez vezes melhor do que os mágicos e astrólogos deste reino (Dn 1:20), pois através de Sua força, Deus me capacitou com Seu Espírito e curou minha mente.

---

Assim como Daniel, responderei com sabedoria e bom senso àqueles que se dirigirem a mim (Dn 2:14).

---

Com Daniel eu louvo o nome de Deus para todo o sempre, pois a sabedoria e o poder pertencem a Ele. Ele transforma as estações e os tempos; Ele destrona os reis e os estabelece. Ele dá sabedoria ao sábio e conhecimento àquele que tem entendimento. Ele revela coisas secretas e profundas; Ele conhece o que jaz nas trevas, e a luz habita com Ele (Dn 2:20-22).

---

Eu Te agradeço e Te louvo, Deus de meus antepassados, pois Tu me deste sabedoria e força. Tu me fizeste saber o que Te pedi (Dn 2:23).

---

As coisas secretas não me foram reveladas para mostrar que sou mais sábio do que os outros, mas elas foram reveladas para benefício das pessoas, para que entendam o que há em seus próprios corações (Dn 2:30).

---

Reis e juízes ouvirão a mim e ao Espírito Santo de Deus que habita em mim. Eles saberão que a luz, o entendimento e a excelente sabedoria estão comigo (Dn 5:14).

---

Ouvirei a voz do Senhor que clama em minha cidade. Temerei Seu nome porque sou sábio. Atenderei à vara e Àquele que apontá-la para mim (Mq. 6:9).

---

Assim como a rainha do sul, me levantarei de onde estiver para ouvir a sabedoria daquele que é maior do que Salomão (Mt 12:42).

---

Assim como Jesus, fui enviado para ensinar em minha própria cidade, e eles perguntarão: "De onde veio a este homem sabedoria, e estas obras poderosas?" (Mt 13:54).

---

Muitos se perguntarão de onde vêm minha sabedoria e meus dons de ensinar, curar, e de onde vêm os milagres (Mc 6:2), e eles saberão que tudo vem do Senhor Deus, que me curou.

---

Assim como Jesus, seguirei adiante no espírito e no poder de Elias, para fazer voltar o desobediente à sabedoria do justo (Lc 1:17).

---

Cresço e me fortaleço no espírito, cheio de sabedoria, e a graça de Deus está em mim (Lc 2:40).

---

Assim como Jesus, eu cresço em sabedoria, estatura e graça diante de Deus e dos homens (Lc 2:52).

---

O fruto da minha vida mostra que a sabedoria de Deus habita em mim (Lc 7:35).

---

Pois o Senhor me dará palavras e sabedoria a que nenhum dos meus adversários será capaz de resistir ou contradizer (Lc 21:15).

---

Sou uma pessoa de boa reputação, cheia do Espírito Santo e sabedoria (At 6:3).

---

Aqueles que levantarem oposição contra mim não serão capazes de resistir à sabedoria e ao Espírito pelos quais eu falo (At 6:9-10).

---

Assim como José, Deus me livrou de todas as minhas aflições. Ele me deu favor e sabedoria (At 7:10).

---

Assim como Moisés, sou educado em toda sabedoria e poderoso em palavras e em ações (At 7:22).

---

Ó Deus, quão profundas são as riquezas de Sua sabedoria e conhecimento! Seus juízos são insondáveis e seus caminhos são inescrutáveis (Rm 11:33).

---

Não serei sábio segundo a carne, pois Deus escolheu as coisas loucas do mundo para envergonhar os sábios, e as coisas fracas para envergonhar os fortes. Nenhuma carne será glorificada em Sua presença. Eu me glorifico no Senhor (1Co 1:26-31).

---

Não virei com um discurso maravilhoso, ou com minha sabedoria, pois estou determinado a não conhecer nada mais do que a Jesus Cristo e Sua crucificação (1Co 2:1-2).

---

Meu discurso e minha pregação não serão palavras persuasivas da sabedoria humana, mas será na demonstração do Espírito e do poder que a fé se erguerá em Deus e não na sabedoria humana (1Co 2:4-5).

---

Eu anuncio a sabedoria entre aqueles que são amadurecidos, mas não da sabedoria deste mundo ou dos príncipes deste mundo. Eu anuncio a sabedoria de Deus, que ordenou antes do princípio do mundo para nosso bem (1Co 2:6-7).

---

As coisas que falo não estão na sabedoria humana, mas estão nos ensinamentos do Espírito Santo, comparando coisas espirituais com o espírito (1Co 2:13).

---

A sabedoria que tenho não é a deste mundo, pois esta é loucura aos olhos de Deus. Portanto, não glorificarei o homem, porque todas as coisas são de Deus (1Co 3:19,21).

---

Que eu lucre com a sabedoria dos dons do Espírito, pois Ele dá a um a palavra de sabedoria e a outro a palavra de conhecimento (1Co 12:8).

---

Vivo neste mundo com simplicidade e sinceridade, e não com a sabedoria da carne, mas pela graça de Deus (2Co 1:12).

---

Deus derramou sobre mim toda sabedoria e prudência, fazendo-me conhecer o mistério de Sua vontade, de acordo com Seu bom propósito (Ef 1:8-9).

---

Que Deus me dê o espírito de sabedoria e revelação em Seu conhecimento. Que os olhos de meu entendimento sejam iluminados, para que então eu saiba qual é a esperança do chamado de Deus e quais as riquezas da glória de Sua herança (Ef 1:17-18).

---

Anuncio aos gentios as insondáveis riquezas de Cristo, para fazê-los conhecer a multiplicidade da sabedoria de Deus para os principados e potestades das regiões celestiais (Ef 3:8,11).

---

Anuncio Cristo, a esperança de toda glória, advertindo todos os homens e os ensinando em toda a sabedoria para que eles sejam perfeitos em Cristo (Cl 1:28).

---

Não vou impor a mim mesmo regras religiosas, pois elas têm, de fato, a aparência da sabedoria, da humildade e da negligência com o corpo, mas não têm valor algum para refrear a indulgência da carne (Cl 2:23).

---

Que a Palavra de Cristo habite em mim ricamente em toda a sabedoria, e então ensinarei e aconselharei meus companheiros em salmos, hinos e canções espirituais com a graça do Senhor em meu coração (Cl 3:16).

---

Caminharei na sabedoria em direção àqueles que não a tem, aproveitando cada oportunidade (Cl 4:5).

---

Pedirei a Deus sabedoria, pois quando faltar, e Ele me dará livremente (Tg 1:5).

---

Que eu não esteja cheio da inveja amarga e da contenda em meu coração, pois esta sabedoria não vem dos céus, mas é terrena, sensual e demoníaca (Tg 3:14-15).

---

Que eu seja preenchido com a sabedoria que vem do alto, pois ela é pura, pacífica, moderada, tratável, cheia de misericórdia e de bons frutos, sem parcialidade e sem hipocrisia (Tg 3:17).

---

Eu digo em alta voz: "Digno é o Cordeiro que foi morto de receber poder, e riquezas, e sabedoria, e força, e honra, e glória, e bênção." (Ap 5:12).

---

## Capítulo 2

# EXERCITANDO A FÉ EM BUSCA DA CURA

***E ele lhe disse: "Filha, a tua fé te salvou; vai em paz, e sê curada deste teu mal".***

Marcos 5:34

A fé libera a unção da cura. A falta de fé bloqueia a cura. A mulher com o problema de hemorragia buscou a unção pela fé. A fé é como uma força que atrai a unção. Jesus não só ministrou com a unção, mas também permitiu que as pessoas soubessem que Ele era ungido (Lc 4:18). Quando ouviram que Jesus fora ungido, cabia a elas acreditar e aceitar. O povo de Nazaré não acreditou e por isso não pôde aproveitar de Sua unção (veja Marcos 6:1-6). Jesus não pôde fazer nenhuma grande obra em Nazaré por causa da falta de fé do povo. Se eles tivessem fé, poderiam ter atraído Sua unção e serem curados.

Mas a mulher com o fluxo de sangue acreditou. Ela acreditou o suficiente para atravessar as multidões, se aproximar e tocar na cura, que era Ele mesmo. Em Lucas 8:46, Jesus diz: "Alguém me tocou, porque eu percebi que saiu virtude de mim".

Jesus percebeu que o poder (a virtude) tinha saído dele. A mulher puxou de Jesus o *poder* de cura com sua fé. A palavra *poder* vem do Grego *dunamis*, que significa "habilidade, força ou bravura". Quando você tiver fé, você será curado e extrairá de Deus o poder da cura. O poder de Deus é lançado em seu favor. Portanto, a unção é o poder de Deus.

> *Quando ela tinha ouvido falar de Jesus, veio por detrás comprimida , e tocou na sua veste.*
>
> Marcos 5:27

Aquela mulher tinha ouvido sobre Jesus. Ela tinha ouvido a respeito da unção de cura que estava sobre Ele. Ela tinha ouvido que um profeta de Deus estava ministrando em Israel.

Quando as pessoas ouvem falar sobre a unção, a fé delas cresce, e elas têm então conhecimento e fé para buscar a unção. Precisamos saber sobre a unção dos apóstolos, dos profetas, dos evangelistas, dos pastores e dos mestres. Precisamos saber sobre a unção de cura e sobre o milagre da unção. Precisamos saber sobre as unções especiais dadas pelo Espírito Santo.

Muitos neste país se perguntam por que os milagres ocorrem tanto em outros países. Muitos que participam de cruzadas caminham quilômetros para chegarem num encontro/avivamento. Alguns viajam por dias. Isto é buscar a unção. Como resultado, eles recebem a cura e a unção. No entanto, existem muitos cristãos que não andam nem dois quarteirões – e ficam se perguntando por que não recebem milagres.

> *E muito mais crentes no Senhor eram acrescentados; multidões de homens e de mulheres). De modo que*

> *eles levavam os enfermos para as ruas, e os colocavam em catres e em macas, para que ao menos a sombra de Pedro, quando este passasse, cobrisse alguns deles. Veio também uma multidão até das cidades circunvizinhas a Jerusalém, trazendo pessoas enfermas e atormentadas de espíritos imundos, e todos eram curados.*
>
> Atos 5:14-16

Aqui nós vemos pessoas chegando de "cidades circunvizinhas a Jerusalém". Onde há demanda, há provisão. Havia unção suficiente para curar a *todos*. Aquele povo buscou a unção que fluía dos apóstolos. Quando as pessoas vêm aos encontros, algumas vezes de muito longe, e buscam o dom, elas recebem milagres.

> *E aconteceu que, em um certo dia, enquanto ele estava ensinando, estavam ali assentados fariseus e doutores da lei, que tinham vindo de todas as aldeias da Galileia, e da Judeia, e de Jerusalém; e o poder do Senhor estava presente para curá-los.*
>
> Lucas 5:17

A palavra *poder* aqui é *dunamis*, também traduzida como *virtude* em Lucas 8:46. A mulher com o fluxo de sangue atraiu a virtude do corpo de Jesus com a fé que tinha. Então, podemos dizer que a virtude de cura estava na casa onde Jesus ensinava. Quando a virtude de cura (unção) está presente, podemos usar nossa fé para buscar a unção. Desta forma, ela será liberada para obtermos a cura.

*E eis que uns homens traziam em uma maca um homem paralítico; e eles buscavam meios de levá-lo, e colocá-lo diante dele. E, eles não encontrando um caminho pelo qual o pudessem levá-lo por causa da multidão, subiram ao telhado, e desceram-no por entre as telhas com a sua maca para o meio, diante de Jesus. E, ele vendo a fé deles, disse-lhe: Homem, os teus pecados te foram perdoados.*

Lucas 5:18-20

Através da fé deles, eles buscaram a unção presente naquele quarto. Como resultado, a virtude de cura foi liberada e o homem foi curado. Existem momentos em que a presença do Senhor é densa como uma nuvem carregada. Quando a unção está presente nesta proporção, tudo o que precisamos fazer é usar a nossa fé para buscá-la. A cura e os milagres vêm como resultado desta busca pela unção.

Nós buscamos a unção através da nossa *fé*. O Senhor nos deu o dom da fé para este propósito. O Senhor deseja que usemos nossa fé para buscar (retirar) os dons de Deus. E muitos nunca usam a fé para este propósito.

Congregações construídas na fé terão uma ferramenta que poderão usar para receber os dons de Deus. A fé é um canal através do qual a unção flui. A fé é como uma luz acesa que dá início a um fluxo de eletricidade. É como a partida de um carro, que liga o motor através da ignição. A fé é a fagulha que inflama o poder explosivo de Deus. Ela inflama o poder dos dons da fé, da cura e dos milagres.

A fé inflama os dons da revelação das palavras de sabedoria, de conhecimento e de entendimento do espírito. Ela inflama a expressão dos dons de línguas, da interpretação e da profecia. A fé libera os dons dos ministérios dos apóstolos, profetas, evangelistas, pastores e mestres.

A fé vem com o ouvir. Quanto mais as pessoas ouvirem sobre os dons de Deus, mais fé receberão para extraírem milagres dos dons. Eu prego em diferentes operações e administrações do Espírito.

Como pastor, eu envio pessoas com diferentes unções e manifestações para ministrarem. Eu as ensino a respeito destes dons e as envio para que usem a fé em busca destes dons.

É incrível como os ministros são profundamente capazes de ministrar em um ambiente criado através do ensino e da libertação. As pessoas usam a fé para extrair a unção para elas, e o fluxo se torna tão grande que temos que, propositalmente, interrompê-lo até nosso próximo culto.

## DECLARAÇÕES PARA LANÇAR A FÉ PARA A CURA, PROSPERIDADE E PARA O LIVRAMENTO

Por causa de Cristo, sou livre. Quem o Filho declara livre, de fato, é livre (Jo 8:36).

---

Não coloco minha confiança no homem. Não coloco minha confiança na carne. Ponho minha confiança em Deus (Sl 56:4).

---

Eu vivo pela fé. Eu caminho pela fé e não pelo que vejo (2Co 5:7).

---

Sou responsável por minhas escolhas e decisões. Eu tomo uma decisão. Eu escolho a vida. Eu escolho a bênção. Eu escolho a Palavra de Deus. Eu escolho a sabedoria.

---

Obrigado, Senhor, pois sou responsável por seguir meu próprio caminho para a prosperidade e para o sucesso.

---

Eu tenho fé para falar com as montanhas, e elas me obedecerão (Mc 11:23).

---

Meu coração nunca se afastará de Ti. Sempre servirei a Deus.

---

Obrigado, Senhor, pela prosperidade. Prosperarei porque vivo nos dias do Messias.

---

Terei prosperidade e terei sucesso por causa da graça de Deus, em nome de Jesus.

---

## AUMENTANDO A FÉ PARA SUA CURA

Eu declaro que, assim como Enoque, tenho um testemunho que agrada a Deus pela minha fé (Hb 11:5).

---

Por causa da minha fé eu agrado a Deus, e Ele me recompensará porque O busco diligentemente (Hb 11:6).

---

Pela fé, habitarei na Terra Prometida, como se estivesse em um país estranho, habitando em tabernáculos com Isaque e Jacó, pois sou herdeiro da mesma promessa (Hb 11:9).

---

Abandonarei qualquer escravidão que queira me prender, esperando ansiosamente com fé e fixando meus olhos nele, que é invisível (Hb 11:27).

---

Eu decreto e declaro que pela fé passarei por minhas tribulações como em terra seca, e meus inimigos serão afogados (Hb 11:29).

---

Cercarei os muros imóveis em minha vida, e pela minha fé, eles cairão (Hb 11:30).

---

Assim como Raabe, receberei em paz o homem de Deus. Não perecerei com aqueles que não creem (Hb 11:31).

---

Eu conquistarei reinos, praticarei a justiça, cumprirei as promessas e fecharei a boca dos leões por causa da minha fé (Hb 11:33).

---

Declaro que não irei apenas receber um bom testemunho pela fé, mas também receberei tudo o que Deus prometeu (Hb 11:39-40).

---

Permaneço firme e ungido por Deus (2Co 1:21).

---

Ativo minha semente de fé e digo para esta montanha da doença e moléstia em minha vida: "Vá daqui para lá". Nada será impossível para mim (Mt 17:20).

---

Porque Tu me ungiste, eu tenho fé e não tenho dúvida de que posso falar com qualquer enfermidade, amaldiçoá-la pela raiz, e fazê-la secar e morrer, assim como Tu fizeste à figueira. Também sei que se eu falar para esta montanha da doença que está em meu caminho para se mover daqui e se lançar no mar, isto será feito (Mt 21:21).

---

Declaro que tenho uma tamanha fé no poder de Jesus Cristo, uma fé que não pode ser encontrada em nenhum outro lugar (Mt 8:10).

---

Assim como Jesus Se levantou no barco e falou com a tempestade, também posso levantar-me em meio às tempestades de minha vida e repreender os ventos e as ondas a fim de obter a bonança. Minha fé supera todos os meus medos (Mt 8:26).

---

Não me afundarei na falta de fé e na dúvida; serei suspendido pela força da mão de Deus (Mt 14:31).

---

Oro assim como Seus discípulos ungidos oraram: "Aumenta a nossa fé!" (Lc 17:5).

---

Não serei fraco na fé. Assim como Abraão, declaro que meu corpo não está morto, mas vivo para fazer despontar os dons e a unção que Deus separou para mim (Rm 4:19).

---

Não vacilarei na promessa de Deus por falta de fé, mas permanecerei firme na fé, dando glória a Ele (Rm 4:20).

---

Minha fé aumenta quanto mais eu ouço a Palavra de Deus (Rm 10:17).

---

Mesmo com as tentações da vida, Deus, eu declaro que Tu és fiel. Tu não me permitirás encarar coisas que eu não possa suportar. Tu me proporcionarás um escape, e através de Tua força suportarei as tentações (1Co 10:13).

---

Eu caminho pela fé, e não pela visão (2Co 5:7).

---

Declaro que sinto a substância e vejo a prova das coisas sobre as quais tenho fé (Hb 11:1).

---

Tu és o Senhor de tudo, e os mundos foram emoldurados por Tuas palavras. Falaste e trouxeste à vida aquilo que não era visível (Hb 11:3).

---

Vejo de longe pelos olhos da fé a promessa das coisas. Sou persuadido pela realidade delas. Eu as abraço, sabendo que sou um estranho e peregrino nesta Terra (Hb 11:13).

---

Permanecerei firme e não vacilarei. Irei corajosamente diante de Deus, pedindo em fé (Tg 1:6).

---

# LANÇANDO VIDA E PLENITUDE EM SUA SAÚDE

Tu me garantiste vida e favor, e Teus cuidados preservam meu espírito (Jó 10:12).

---

Minha vida é mais refulgente que o meio-dia. Mesmo que haja escuridão, eu sou como a manhã (Jó 11:17).

---

Minha vida e fôlego estão em Suas mãos (Jó 12:10).

---

O Espírito de Deus me criou, e o Todo-poderoso me dá vida (Jó 33:4).

---

Tu guardas a minha vida da morte (Jó 33:18).

---

Tu me mostrarás o caminho da vida (Sl 16:11).

---

Tu me encontras com bênçãos de bondade. Tu colocaste uma coroa de ouro fino em minha cabeça. Pedi a Ti minha vida, e Tu me deste. Tu me deste vida longa e duradoura (Sl 21:3-4).

---

A bondade e a misericórdia me seguirão por todos dos dias de minha vida, e habitarei na casa do Senhor para sempre (Sl 23:6).

---

O Senhor é a força da minha vida (Sl 27:1).

---

No Seu favor está a minha vida (Sl 30:5).

---

Eu desejo vida e amor por muitos dias para que eu veja o bem. Portanto, eu temerei o Senhor e guardarei minha língua do mal e meus lábios da falsidade. Eu me afastarei do mal e farei o bem; buscarei a paz com perseverança (Sl 34:11-14).

---

Que meu inimigo, que persegue a minha vida, seja envergonhado e levado à desonra (Sl 35:4).

---

Resgate-me da destruição e resgate minha vida dos leões (Sl 35:17).

---

Tu, ó Senhor, és minha fonte de vida (Sl 36:9).

---

Que o inimigo, que busca destruir minha vida, seja envergonhado e levado à confusão. Que ele seja puxado para trás e levado à desonra (Sl 40:14).

---

Tu prolongarás minha vida e fará muitas gerações dos meus anos. Permanecerei diante de Deus para sempre. A misericórdia e a verdade me preservarão (Sl 61:6-7).

---

Tua benignidade é melhor do que a vida, e meus lábios Te louvarão. Te bendirei enquanto eu viver. Levantarei minhas mãos em Teu nome (Sl 63:3-4).

---

Minha vida é preservada do horror do inimigo (Sl 64:1).

---

Preserve minha vida, pois sou fiel a Ti e Tu és meu Deus. Salve-me, pois creio em Ti (Sl 86:2).

---

Eu chamo e Tu me respondes. Tu estás comigo nas dificuldades. Tu me libertarás e me honrarás. Tu irás me satisfazer com uma vida longa e me mostrará a Tua salvação (Sl 91:15-16).

---

Bendirei ao Senhor e não me esquecerei de Seus benefícios. Ele perdoou os meus pecados e curou todas as minhas doenças. Ele redimiu minha vida da destruição e me coroou com benignidade e misericórdia. Deus me satisfez com coisas boas, e minha juventude é renovada como a da águia. (Sl 103:1-5).

---

Espero na palavra que disseste a mim. É um consolo à minha aflição. Tua palavra me dá vida (Sl 119:49-50).

---

Não perecerei em minha aflição porque me deleito em Tua lei. Não me esquecerei de seus preceitos, pois através deles Tu me deste vida (Sl 119:92-93).

---

Tu me restaurarás e me farás viver (Is 38:16).

---

Tu colocas diante de mim o caminho da vida e o da morte. Seguirei o Teu caminho, e viverei. Minha vida será o meu despojo (Jr 21:8-9).

---

Tu me dás a vida por despojo em todos os lugares por onde eu vou (Jr 45:5).

---

Tu remiste minha vida (Lm 3:58).

---

Tu me viste poluído em meu próprio sangue e me disseste "Viva!" (Ez 16:6).

---

Eu certamente viverei e não morrerei, porque caminho nos estatutos da vida sem praticar a iniquidade (Ez 35:15).

---

Tu tiraste minha vida da cova (Jn 2:6).

---

Minha aliança contigo é de vida e de paz (Ml 2:5).

---

Beberei a água que Tu me deste para que nunca sinta sede novamente. A água que Tu me deste se tornará fonte de água, jorrando em mim para toda a eternidade (Jo 4:13-14).

---

Tenho vida eterna porque ouço a Tua palavra e creio em Ti. Eu passei da vida para a morte (Jo 5:24).

---

Jesus, Tu és o Pão da Vida (Jo 6:48).

---

Eu viverei para sempre porque me alimento do pão da vida (Jo 6:51-52).

---

O Espírito me dá vida. Tuas palavras são espírito e vida para mim (Jo 6:63).

---

Através de Ti, eu tenho vida, e vida em abundância (Jo 10:10).

---

Tenho a vida eterna e não perecerei. Não serei arrancado da mão de Deus (Jo 10:28-29).

---

Eu viverei porque creio em Cristo Jesus, que é a ressurreição e a vida (Jo 11:25-26).

---

Tu és o caminho, a verdade e a vida (Jo 14:6).

---

Terei coragem porque não haverá nenhuma perda em minha vida (At 27:22).

---

Tu dás a vida aos mortos e chamas à existência as coisas que não existem, como se existissem (Rm 4:17).

---

Assim como Cristo foi ressurgido da morte, eu caminharei na novidade da vida (Rm 6:4-5).

---

O dom de Deus é a vida eterna em Jesus Cristo meu Senhor (Rm 6:23).

---

Sou inclinado para o Espírito; portanto, terei vida e paz (Rm 8:6).

---

O Espírito de Deus, que ergueu Jesus da morte, habita em mim. Ele dá a vida ao meu corpo mortal através de Seu Espírito, que habita em mim (Rm 8:11).

---

Eu sou o aroma da vida que conduz à vida (2Co 2:16).

---

O Espírito me dá vida (2Co 3:6).

---

A vida de Jesus se manifesta em meu corpo. A vida opera em mim (2Co 4:10-13).

---

Cristo vive em mim. A vida que vivo agora é pela fé no filho de Deus, que me ama e deu a Sua vida por mim (Gl 2:20-21).

---

Eu semeio para o Espírito, e do Espírito eu colho a vida eterna (Gl 6:8).

---

Minha vida está escondida com Cristo em Deus (Cl 3:3).

---

Tenho a promessa da vida agora e uma vida que está para chegar (1Tm 4:8).

---

Meu Salvador, Jesus Cristo, aboliu a morte e trouxe vida e imortalidade para a luz através do evangelho (2 Tm. 1:10-11).

---

Suportei as tentações; portanto, sou abençoado. Sou aceito e recebo a coroa da vida, que o Senhor prometeu aos que O amam (Tg 1:12).

---

Seu poder divino me dá todas as coisas que pertencem à vida e à piedade (2Pe 1:3).

---

Passei da morte para a vida porque eu amo meus irmãos (1Jo 3:14).

---

Tenho vida porque tenho o Filho (1Jo 5:12).

---

O pão da vida de Deus entrou em mim (Ap 11:11).

---

Eu recebo livremente da fonte de vida (Ap 21:6-7).

---

Tenho o direito à árvore da vida, porque cumpro Suas ordens (Ap 22:14).

---

Eu bebo da água da vida livremente (Ap 22:17).

---

# Capítulo 3

# Honrando aqueles que vêm para curar

***O que recebe um profeta em nome de um profeta, receberá recompensa de profeta; e quem recebe um homem justo em nome de um homem justo, receberá recompensa de um homem justo.***

Mateus 10:41

HONRA SIGNIFICA "valor, estima, preciosidade". Honrar um homem ou mulher de Deus significa valorizá-los e estimá-los. Devemos reconhecer que a unção é algo precioso. É inestimável. Você não pode comprar a unção. Ela é dada através da graça de Deus. *Devemos aprender a honrar os dons do ministério.* Quando você os desonra, você não é abençoado pela unção que está neles. Em outras palavras, se você não honra o dom de cura, você não será curado.

> *E ele disse: Em verdade eu vos digo que: Nenhum profeta é aceito na sua própria terra. Mas em verdade eu vos digo que muitas viúvas existiam em Israel nos dias de Elias, quando o céu se fechou por três anos e seis meses, e houve grande fome por toda a terra; mas*

*a nenhuma delas Elias foi enviado, senão a Sarepta, uma cidade de Sidom, a uma mulher que era viúva. E muitos leprosos havia em Israel no tempo do profeta Eliseu, e nenhum deles foi purificado, senão Naamã, o sírio.*

Lucas 4:24-27

Elias e Eliseu, dois homens ungidos de Deus, ficaram em Israel por anos. Havia muitas viúvas que poderiam ter recebido um milagre através de Elias, mas apenas uma recebeu, e ela era uma gentia. Nenhuma outra viúva buscou a unção de Elias. Todos os leprosos em Israel poderiam ter sido curados através de Eliseu, mas nenhum buscou a unção, a não ser Naamã. Tanto Elias quanto Eliseu tinham milagres e a unção de cura. Os milagres e curas estavam disponíveis nos homens de Deus. Eles eram reservatórios ambulantes da unção. Mas ninguém lançou o seu balde para extrair a unção destes poços. Ninguém usou a fé para recebê-la destes homens de Deus, exceto uma mulher gentia e Naamã, o sírio.

Jesus disse que esses homens não eram aceitos em seus próprios países. Em outras palavras, eles não eram *valorizados* ou *estimados* por Israel. Seus ministérios eram rejeitados e desprezados. Como resultado, muitas viúvas pereceram durante a fome e muitos leprosos morreram por causa da doença. Esta não era a vontade do Senhor. A vontade do Senhor era que todos recebessem a cura e a libertação.

Este tipo de rejeição não foi incomum com Jesus. Como já mencionamos antes, Jesus não era honrado em Sua própria cidade natal.

*E ele saindo dali, chegou à sua própria terra, e os seus discípulos o seguiram. E, chegando o dia do shabat, ele começou a ensinar na sinagoga; e muitos, ao ouvi-lo, se admiravam, dizendo: De onde lhe vem estas coisas? E que sabedoria é esta que lhe é dada, e como estas poderosas obras são feitas por suas mãos? Não é este o carpinteiro, filho de Maria, irmão de Tiago, e de José, e de Judas e de Simão? E não estão aqui conosco suas irmãs? E escandalizavam-se nele. Mas Jesus lhes dizia: O profeta não está sem honra, exceto na sua própria terra, e entre os seus próprios parentes, e na sua própria casa. E ele não podia fazer ali nenhuma obra poderosa, salvo impor suas mãos sobre poucas pessoas enfermas, curando-as. E admirou-se da descrença deles. Ele percorreu as aldeias vizinhas, ensinando.*

Marcos 6:1-6, grifo do autor

Dar honra ao homem de Deus que está vindo ministrar é um outro nível de fé no poder do Espírito Santo que trabalha dentro de nós. Se você não pode demonstrar honra, respeito e aceitação ao homem de Deus, você está praticamente dizendo: "Eu não creio que o Espírito Santo está agindo em você, e eu não receberei o que você veio para me dar". Você está, essencialmente, recusando a sua cura.

## HONRANDO DUAS VEZES MAIS

*Os anciãos que governam bem sejam dignos com dupla honra, principalmente os que trabalham na palavra e na doutrina. Porque diz a Escritura: Não amordaçarás o boi, quando ele pisar o milho. E: O trabalhador é digno da sua remuneração.*

1 Timóteo 5:17-18

Lembre-se, a palavra *honra* significa "valor". O quanto você valoriza os ministros que Deus tem colocado em seu caminho? Paulo fala sobre apoiar o ministério. Nesse caso, *honrar* significa "dar e apoiar financeiramente". As congregações que não abençoam seus ministros financeiramente estão os desonrando. Você não pode receber a unção deles se você não os honra desta maneira. Você receberá mais da unção, dentre os homens e mulheres de Deus, se você honrá-los com a sua doação.

Em Atos 28, a doação das pessoas seguia a cura milagrosa, mas havia inequívoca honra quando eles reconheciam o poder de cura que estava em Paulo.

*E, tendo Paulo ajuntado um maço de gravetos e pondo-os no fogo, uma víbora, fugindo do calor, prendeu-se na sua mão. E os bárbaros, vendo-lhe a víbora venenosa pendurada na mão, diziam uns aos outros: Sem dúvida este homem é assassino, porque, apesar de ter escapado do mar, a vingança não o deixa viver. E tendo ele, sacudido o animal no fogo, não sentiu mal algum.*

Atos 28:3-5

Os homens observaram Paulo um pouco mais para ver se ele incharia ou se cairia morto. Quando nenhuma dessas coisas aconteceu, eles ficaram maravilhados e entenderam que o poder que Paulo demonstrava era divino. Não somente estes homens, mas o líder da ilha, Públio, também tratou Paulo e seus companheiros com muito respeito e honra. Ele os recebeu e os acolheu com cortesia por três dias. Portanto, não houve nenhum impedimento quando o pai de Públio precisou ser curado de disenteria. Assim, a cura simplesmente começou a se espalhar entre todos que estavam doentes na ilha.

O ato de dar a honra faz fluir a cura. O líder da ilha sabia como tratar os convidados. Ele os honrou primeiro, e as curas começaram a fluir. Mas não acabou por aí. As pessoas mostraram honra, ou o dobro de honra, ao terem a certeza de que não faltava nada para a partida deles.

> *Então, sendo feito isto, também outros enfermos da ilha vieram e foram curados, os quais também nos honraram com muitas atenções, e quando estávamos para partir, nos proveram das coisas que eram necessárias.*
>
> Atos 28:9-10

Não é difícil ver a correlação entre honrar e receber a cura. Um dom é melhor dado quando é bem recebido. Quão melhor é o desempenho de um cantor ou ator quando a plateia aprecia seu trabalho? Este foi o porquê de tantos israelitas terem morrido durante a fome. Eles simplesmente não apreciaram os dons de Elias e Eliseu.

> *E Eliseu morreu, e eles o sepultaram. E os bandos dos moabitas invadiram a terra pela chegada do ano. E sucedeu, enquanto eles estavam sepultando um homem, eis que espionaram um bando de homens; e*

*lançaram o homem no sepulcro de Eliseu; e quando o homem foi largado abaixo, e tocou nos ossos de Eliseu, ele reviveu, e levantou-se sobre os seus pés.*

2 Reis 13:20-21

Eliseu tinha unção suficiente em *seus ossos* para ressuscitar um homem da morte. Imagine a unção que estava disponível para Israel enquanto ele estava vivo! Por não o honrarem, respeitarem e receberem seus dons, eles não receberam os milagres que precisavam. Cada leproso em Israel precisava de um milagre. O Senhor, em Sua misericórdia, viu a necessidade do povo e proveu o homem de Deus com Sua unção. Era só Israel buscá-la. Suas necessidades não foram supridas porque eles não buscaram. Não havia fé. Não havia honra. Se tivessem honrado o profeta de Deus, eles teriam sido curados. A unção estava disponível. E era forte o suficiente. Mas não havia busca. Como afirmado anteriormente, *onde não há demanda, não há provisão.*

## HONRANDO O HOMEM DE DEUS

Que minha vida seja preciosa na visão do homem de Deus para que eu seja preservado (2Rs 1:13-14).

---

Declaro que o homem de Deus é ilustre nesta cidade, e tudo o que ele diz acontece. Ele nos mostrará o caminho a seguir. Quando eu for pedir a ele por direção, o abençoarei com dons valiosos (1Sm 9:6-9).

---

O homem de Deus orará por mim e serei restaurado. Farei um quarto em minha casa para que ele possa descansar (1Rs 13:6-8).

---

A palavra do Senhor está na boca do homem de Deus (1Rs 17:24).

---

O homem de Deus segue a justiça, a piedade, a fé, o amor, a paciência e a mansidão. Ele combate o bom combate da fé e se apodera da vida eterna (1Tm 6:11-13).

---

O homem de Deus é completo e completamente preparado para toda boa obra (2Tm 3:17).

---

Irei a qualquer lugar pedir vasilhas emprestadas para guardar a unção eterna sobre a qual o homem de Deus tem falado em meu lar. Esta unção trará prosperidade para meus filhos e para mim (2Rs 5:14).

---

O homem de Deus é ungido para ministrar pelo Senhor como um sacerdote perpétuo sobre as suas gerações (Êx 40:15).

---

O homem de Deus, consagrado para ministrar como sacerdote, buscará a Deus em oração em meu favor (Lv 16:32-33).

---

O Senhor exaltará o poder de Seu ungido; Ele dará força para o homem de Deus (1Sm 2:10).

---

O homem de Deus será erguido e agirá segundo a alma e o coração de Deus. Deus construirá para ele uma casa firme, e ele andará diante do Seu ungido para sempre (1Sm 2:35).

---

Deus me guarde de fazer qualquer coisa inapropriada para o ungido do Senhor. Não estenderei minha mão contra ele, vendo que ele é o ungido do Senhor (1Sm 24:6).

---

Não estenderei minha mão contra o homem de Deus, pois ele é o ungido do Senhor (1Sm 24:10-11).

---

Não tocarei o ungido do Senhor, e não causarei dano aos Seus profetas (1Cr 16:22).

---

Senhor Deus, não rejeiteis a face do Teu ungido; lembre-se das misericórdias do homem de Deus (2Cr 6:42).

---

O Senhor salva o Seu ungido; Ele O responderá de Seu santo céu com a força salvadora de Sua mão direita (Sl 20:6).

---

O Senhor fortalece o homem de Deus. Ele é o seu refúgio salvador (Sl 28:8).

---

Deus ungiu o homem de Deus com o óleo da alegria mais do que a qualquer um de seus companheiros (Sl 45:7).

---

O Senhor encontrou o homem de Deus. Com Seu óleo santo Ele o ungiu. Com a mão de Deus, ele será sustentado. O braço do Senhor o fortalecerá. Seus inimigos não o sobrepujarão, e nem os filhos da maldade o afligirão. O Senhor esmagará os seus inimigos diante dele (Sl 89:20-23).

---

O Espírito está sobre o homem de Deus, porque o Senhor o ungiu para pregar boas novas aos mansos. Ele o enviou para curar os de coração contrito; para proclamar a liberdade aos cativos e abrir a prisão para aqueles que estavam aprisionados; para proclamar o ano da bondade do Senhor e o dia da vingança do nosso Deus; para consolar os que estão tristes; para consolar os que choram em Sião; para dar a eles a beleza ao invés das cinzas, a alegria para os tristes e as vestes de louvor para o espírito oprimido, para que possamos chamá-los de carvalhos da justiça, plantação do Senhor, para que Ele seja glorificado (Is 61:1-3).

---

Deus ungiu o homem de Deus com Espírito Santo e poder. Ele fará o bem e dará cura a todos que são oprimidos pelo diabo, porque Deus está com ele (At 10:38-39).

---

O homem de Deus permanece firme comigo em Cristo. Ele foi ungido por Deus. Ele foi selado por Deus e tem o Espírito Santo como garantia em seu coração (2Co 1:21-22).

---

Levantarei diante do homem idoso, e honrarei o ancião (Lv 19:32).

---

O homem de Deus honra o Senhor; portanto, ele será honrado (1Sm 2:30).

---

O homem de Deus sentará em lugar de honra dentre aqueles que foram convidados (1Sm 9:22).

---

Deus coroou o homem de Deus com glória e honra (Sl 8:5).

---

O Senhor deu ao homem de Deus os desejos de seu coração e não rejeitou os pedidos de seus lábios. O Senhor o recebeu com bênçãos de bondade e colocou uma coroa de ouro puro em sua cabeça. Ele pediu a Deus por vida, e vida foi dada a ele (Sl 21:2-4).

---

O homem de Deus recorrerá ao Senhor, e Ele o responderá. Deus estará com ele na angústia. Ele o libertará e o honrará (Sl 91:15).

---

A sabedoria traz a honra quando é abraçada (Pv 4:8).

---

O homem de Deus segue a justiça e a misericórdia. Ele encontra vida, justiça e honra (Pv 21:21).

---

O homem de Deus é humilde e teme ao Senhor. Ele recebe riquezas, honra e vida (Pv 22:4).

---

O homem de Deus é humilde de espírito; ele retém honra (Pv 29:23).

---

O homem de Deus terá honra em dobro ao invés de vergonha. Ele se regozijará em sua herança ao invés de afrontar-se. Em sua terra, ele possuirá o dobro. Alegria perpétua será dele (Is 61:7).

---

O homem de Deus honra Seu Pai Celestial. Ele não busca a sua própria glória (Jo 8:49).

---

Glória, honra, e paz irão para o homem de Deus porque ele trabalha no que é bom (Rm 2:10).

---

Que os presbíteros que governam bem sejam honrados duas vezes mais (1Tm 5:17).

---

## CAPÍTULO 4

# TOCANDO NO MANTO

***Pois ela dizia consigo: Se eu tão somente tocar a sua veste, eu ficarei sã.***

Mateus 9:21

A BÍBLIA KING JAMES diz: "Se eu tão somente tocar a sua veste". O *manto* representa a *unção*. Eliseu pegou o manto que caiu de Elias (2Rs 2:13). Ele bateu nas águas com o manto. Quando Deus chamou Eliseu, Ele usou Elias para lançar Seu manto sobre ele (1Rs 19:19). Isto representa a unção caindo sobre ele, fazer dele um profeta. Nós chamamos isto de *manto profético.*

Jesus caminhou e ministrou como um profeta de Deus. Ele ministrou sob um manto profético. Este manto também possui a cura e os milagres. A mulher com o fluxo de sangue atravessou a multidão para tocar o manto de Jesus. Ela buscou o Seu manto profético. Por consequência, ela recebeu um milagre. Existem diferentes mantos dados a diferentes pessoas. Quando você toca o manto de um servo em especial, você extrai virtude e poder da unção dele. Não me refiro a tocar uma pessoa fisicamente, mas extrair a unção de alguém, *espiritualmente.* A fé é o canal pelo qual extraímos essa unção. É o condutor.

*E, quando os homens daquele lugar o reconheceram, eles enviaram por toda aquela região em redor, e trouxeram-lhe todos os que estavam enfermos; e pediram-lhe que ao menos eles pudessem tocar a orla da sua veste, e todos quantos a tocavam ficavam perfeitamente sãos.*

Mateus 14:35-36

A Bíblia diz: "pediram-lhe". Alguma vez alguém já lhe suplicou algo? Suplicar é buscar continuamente. E é desta maneira que você deve buscar a unção. *Suplicar* significa: "Pedir com humildade e/ou com instância; implorar; clamar". Significa *buscar*. É deixar de lado o orgulho. Você admite que tem uma necessidade e suplica a alguém que possa ajudar-lhe. Se você nunca reconhecer sua necessidade e total dependência da unção, você nunca a buscará.

*E, onde quer que ele entrava, em aldeias, ou cidade, ou nos campos, eles colocavam os enfermos nas ruas, e pediam-lhe que eles pudessem tocar somente na orla da sua roupa; e todos quantos o tocavam ficavam curados.*

Marcos 6:56

Em todo lugar que Jesus ia, as pessoas buscavam a unção. Elas suplicavam-Lhe para tocar em Seu manto. Elas extraíam a cura e os milagres dele. Podemos dizer que isto acontecia em todas as cidades porque havia um mover soberano de Deus. Podemos pensar que as pessoas não tinham nada em comum com isto. Mas lembre-se, isto não aconteceu na cidade natal de Jesus, Nazaré. Em Nazaré, as pessoas não suplicaram para tocá-lO. Estes milagres não aconteceram em Nazaré porque as pessoas não buscaram a unção. Já em outras vilas e cidades o povo buscou a unção, e foi curado.

Se você quer ser curado, você precisa se aproximar e tocar a orla das vestes de Jesus. Você precisa suplicar a unção que Ele concedeu aos homens e mulheres de Deus presentes em sua vida. Absorva a unção deles, e busque seu milagre de cura. Deixe-os orar por você e impôr suas mãos sobre você, para que você seja curado.

Como mencionado na introdução, a cura pode ser transferível através das roupas ungidas dos homens e mulheres de Deus. A unção de cura é tangível. Em minha igreja, nós oramos e usamos roupas ungidas para dar aos membros da congregação. Temos recebido muitos testemunhos de cura a partir disto. Paulo confirma este fenômeno em Atos 19:11-13. Ao tocarem os lenços e aventais do corpo de Paulo, as pessoas doentes recebiam curas milagrosas. A Bíblia diz que as moléstias deixavam estas pessoas, e os demônios saíam delas. Isto exige um alto nível de fé e uma busca maior pelos dons dos ungidos de Deus. Você não pode hesitar em ter uma alta expectativa de receber a cura pelo toque de uma vestimenta. Assim como a mulher com o fluxo de sangue fez, você deve absorver a unção com um toque.

## APROXIMANDO-SE DAQUELE QUE CURA ATRAVÉS DA SUA PALAVRA

*E aconteceu que, apertando-o a multidão para ouvir a palavra de Deus, ele estava junto ao lago de Genesaré, e viu dois barcos parados junto ao lago; mas os pescadores tinham descido deles, e estavam lavando suas redes. E, ele entrou em um dos barcos, que era de Simão, e lhe pediu que o afastasse um pouco da terra. E sentando-se, ensinava do barco a multidão.*

Lucas 5:1-3

A fé vem pelo ouvir (Rm 10:17). É por isso que precisamos *ouvir* sobre a unção de cura. Precisamos ensinar de acordo com a unção. Para buscar o dom do ensinamento, você precisa desejar o conhecimento. A Bíblia diz que para ouvir a Palavra de Deus o povo lotava os lugares por onde Jesus passava. Estas pessoas buscavam o dom de ensinamento de Jesus. Havia tanta procura que Ele precisou pedir emprestado o barco de Simão para falar às multidões. Com que frequência as pessoas lotam os templos para ouvir as pregações? Somente aquelas que estão famintas pela Palavra buscarão ouvi-la. O desejo pelas coisas de Deus as farão buscar os dons de Deus.

Jesus sempre ouve as pessoas que O buscam através do desejo pelas coisas de Deus. Ele nunca as envia de volta de mãos vazias. Conforme viajo, ministrando a Palavra de Deus, diferencio alguns níveis da fome espiritual existentes em diferentes áreas. Algumas pessoas se for preciso, se espremem em algum lugar para ouvir a Palavra. Elas extraem a revelação de você. Você prega num nível muito mais alto da unção por causa da fome dessas pessoas.

Eu não quero pregar para pessoas que não têm fome pela Palavra. Em alguns lugares, as pessoas apenas sentam-se e olham para você. Elas realmente não querem nada de Deus. Não há fome, não há vontade. Se você tivesse que chegar cedo na igreja para conseguir um lugar, você não as veria. O princípio espiritual que partilhamos neste livro chama-se *lei da oferta e da procura*. Onde não há procura, não há oferta. Os cristãos apáticos e passivos não recebem muito dos dons de Deus.

> *E, no dia do shabat seguinte, ajuntou-se quase toda a cidade para ouvir a palavra de Deus.*
>
> Atos 13:44

Não apenas indivíduos podem buscar a unção, mas até mesmo cidades inteiras.

Gosto deste versículo por causa da possibilidade de cidades inteiras desejarem ouvir a Palavra de Deus. Acredito que nestes últimos dias, o Senhor causará nas cidades uma fome pela Palavra. Quando os dons do ministério chegarem na cidade, as pessoas se reunirão e os buscarão. Isto aconteceu de alguma forma no passado, mas acontecerá numa extensão muito maior nos dias de hoje, à medida que o Senhor derramar o Seu Espírito sobre toda carne.

Quando Paulo e Barnabé ministraram em Antioquia da Pisídia, os gentios foram os únicos a buscarem seus dons apostólicos. Os judeus começavam a endurecer seus corações. Eles não desejavam ouvir a boa nova da salvação. Paulo e Barnabé se voltaram para os gentios. Os dons do ministério sempre estarão onde há procura por eles. Os gentios eram os únicos a terem fome. Os dons de Deus foram lançados em favor deles. Como resultado, eles receberam salvação, cura e libertação.

> *E a palavra do Senhor se divulgava por toda aquela região.*
>
> Atos 13:49

Mais empolgante do que ver cidades inteiras ouvirem a Palavra é ver *regiões inteiras* sendo tocadas pelo poder de Deus! Por haver uma fome pela Palavra naquela cidade, e os dons de Deus serem liberados nela, como resultado, a *região* inteira foi afetada. Muitas curas podem acontecer ao longo de grandes áreas geográficas. Não estou satisfeito apenas com a minha cidade sendo tomada por Deus, pois eu quero afetar minha região! Quando há fome pela Palavra de Deus em uma cidade, isso afeta a região inteira, e a unção por ensinamentos, milagres e cura pode ser liberada. Uma vez que há procura pela unção, a mesma é liberada em favor de cidades e regiões inteiras.

## ORAÇÕES QUE TRAZEM CURA ATRAVÉS DO TOQUE

O Senhor me livrará de seis angústias, e na sétima, nenhum mal me tocará (Jó 5:19).

---

Eu estou profundamente confiante de que se eu tocar a orla de Teu manto, eu serei curado (Mt 9:21).

---

À medida que o Teu conhecimento se espalhar, as pessoas buscarão os que estão doentes e enfermos em todas as regiões circunvizinhas para que estas também possam tocar Teu manto (Mt 14:35-36).

---

Eu me esforço para tocar em Ti, Jesus, e Tu irás me curar de minha tormenta (Mc 3:10).

---

Irei aproximar-me de Tuas vestes e as tocarei, e serei curado (Mc 5:28).

---

Conforme Seu Espírito chegar às aldeias, cidades e campos, os doentes Lhe serão apresentados. Eles implorarão para tocar até mesmo a orla de Seu manto, e assim que a tocarem, serão curados (Mc 6:56).

---

Os cegos virão diante de Ti, implorando para tocarem em Ti. Tu os tocarás e sua visão será restaurada. Eles verão tudo claramente (Mc 8:22-25).

---

Multidões buscarão tocar em Ti, e a virtude sairá de Ti, e elas serão curadas (Lc 6:19).

---

Assim como Eliseu, até os ossos dos homens ou mulheres de Deus que Tu ungistes serão cheios de vida e cura para que através do toque deles, os mortos revivam e levantem sobre seus pés (2Rs 13:21).

---

Que os Seus serafins voem sobre mim, e me toquem com a brasa viva de Teu altar para que todo meu pecado, doença e iniquidade sejam removidos (Is 6:6-7).

---

Senhor, estenda Tua mão para tocar-me. Coloque Tuas palavras de vida e de cura em minha boca (Jr 1:9).

---

Tu enviaste Teus anjos, e eles me tocaram e me fortificaram (Dn 10:18).

---

Tu estendeste Tua mão sobre mim e me tocaste. Sei que fui limpo imediatamente. (Mt 8:2-3).

---

O homem de Deus me tocou. Minha doença me deixou. Agora eu posso me levantar e ministrar para os que estão à minha volta (Mt 8:15).

---

Tu tocaste meus olhos, ó Senhor, e segundo a minha fé, eles foram abertos (Mt 9:29-30).

---

Tu vieste e me tocaste. Eu me levantarei e não terei medo. Elevarei meus olhos e não verei ninguém, a não ser Jesus (Mt 17:7-8).

---

Tu tiveste compaixão de mim e tocaste meus olhos. Imediatamente eu recebi minha visão, e Te seguirei (Mt 20:34).

---

Tu me afastaste da multidão e tocaste meus ouvidos e minha língua. E imediatamente, meus ouvidos foram abertos e minha língua foi solta (Mc 7:33-35).

---

Tu virás e tocarás meu corpo sem vida. Tu ordenarás que eu me levante. Imediatamente, eu sentarei e começarei a falar (Lc 7:14-15).

---

Sim, eu tenho sofrido muito, mas Tu tocarás meus ouvidos e me curarás (Lc 22:51).

---

Todos sobre os quais Tu impões as Tuas mãos são curados (Lc 4:40).

---

Imponha Tuas mãos sobre os doentes e os cure (Mc 6:5).

---

Tu impõe Tuas mãos sobre os doentes e deficientes e imediatamente eles são curados e glorificam a Deus (Lc 13:13).

---

Assim como o apóstolo Paulo, que os homens de Deus venham e imponham suas mãos sobre mim e me curem (At 28:8).

## ORANDO A PALAVRA PARA A CURA

A cura do Senhor brotará apressadamente (Is 58:8).

Eu clamei a Ti, Deus, e Tu me curaste. Tu me conservaste vivo (Sl 30:2-3).

Por suas feridas, estou curado (Is 53:5).

Diga uma palavra, Senhor, e cure-me agora (Mt 8:8,13).

Declaro que tenho boa saúde; estou vivo (Gn 43:28).

O temor ao Senhor é saúde para meu corpo e força para meus ossos (Pv 3:7-8).

Darei atenção às palavras de Deus. Inclinarei meus ouvidos para ouvir o que Ele diz. Não as perderei de vista. Eu as manterei no meio do meu coração porque elas são vida para mim e saúde para meu corpo (Pv 4:20-22).

---

Falarei com sabedoria e trarei a cura (Pv 12:18).

---

Receberei e falarei apenas palavras agradáveis. Elas são como favo de mel, doces para minha alma e saudáveis para meus ossos (Pv 16:24).

---

Declaro que prosperarei em tudo e que tenho boa saúde, assim como prospera minha alma (3Jo 2-3).

---

Como o céu e a Terra são minhas testemunhas, escolho a vida para que eu e meus descendentes vivamos (Dt 30:19).

---

Declaro, ó Senhor, que Tu és minha vida e a extensão dos meus dias. Eu Te amo. Eu escolho obedecer a Ti. Eu me apego a Ti (Dt 30:20).

---

Declaro, ó Senhor, que Tu és o restaurador da minha vida e o que nutre minha velhice (Rt 4:15).

---

Tu redimiste minha vida de toda adversidade (2Sm 4:9-10).

---

Tu não tiras a vida, mas cogitas meios para que eu siga perto de Ti (2Sm 14:14-15).

---

Eu ofereço sacrifícios de sabor doce a Deus e oro pela minha vida e a dos meus filhos (Ed 6:10).

---

Se Te agrada, e se eu encontrar favor em Tua visão, poupe a minha vida (Et 7:3).

---

Eu me juntarei a outros cristãos e me levantarei por minha vida. Eu destruo, mato e aniquilo todas as forças que vierem me ameaçar. Eu saqueio os seus bens por despojo (Et 8:11).

---

# Capítulo 5

# EXTRAINDO ÁGUA VIVA DO POÇO

***Ora, o poço de Jacó estava ali. Jesus, pois, cansado da sua viagem, assentou-se assim junto do poço, e era cerca da hora sexta. Então veio uma mulher de Samaria para tirar água. Disse-lhe Jesus: Dá-me de beber.***

João 4:6-7

A unção de cura que acompanha os dons do ministério é como um poço. A mulher samaritana que foi até o poço aparentemente não tinha nenhum problema físico, mas Jesus sabia que ela precisava de cura. A sua necessidade de tirar água do poço espiritual que Jesus tinha dentro Si era vista naturalmente pela necessidade física que ela tinha de tirar a água do poço de Jacó.

Jesus era completamente inundado pelo Espírito porque a Palavra de Deus habitava nele – Ele era a Palavra (Jo 1:1-2). Portanto, o nível de discernimento dele era capaz de transpassar o natural e ver a necessidade espiritual da mulher (veja Hebreus 4:12). Mas não para por aí. Não tratava-se apenas do reconhecimento que Jesus tinha da condição da mulher, mas da forma como ela começou a puxar a água do poço da unção, habitado por Jesus. Ela começou a indagar: "Como é que tu, sendo um judeu, pedes de beber a mim, que sou mulher de Samaria? Senhor, tu não tens com que a tirar, e o poço é fundo; onde, pois, tens a água viva? És tu maior do que Jacó, o nosso pai, que nos deu o poço, do qual ele mesmo bebeu, e os seus filhos, e o seu gado?" (Jo 4:9,11-12). Quanto mais ela puxava e quanto mais se rendia à plenitude de seu coração, mais fundo escavava o poço do Espírito. Até que em um certo ponto, ela simplesmente pediu, sem reservas: "Senhor, dá-me dessa água, para que eu não tenha sede e não venha aqui tirá-la". (v.15).

Esta mulher fez um pedido sob a unção do Espírito, que nunca lhe seria recusado. A Bíblia diz em Apocalipse 21:6 que Deus dará água livremente da fonte da vida para que ninguém sinta sede. (Leia também Apocalipse 22:17). Você está sedento pela cura? Você escavará fundo o poço do Espírito para obter a sua cura?

Assim como esta mulher, você pode fazer um pedido sob a unção da cura e receber a bênção. Há uma infinita provisão do Espírito, disponível para todo aquele que crê.

> *Porque sei que disto me resultará salvação, pela vossa oração e pelo socorro do Espírito de Jesus Cristo.*
>
> Filipenses 1:19

Quando eu olho para o ministério dos dons do Espírito, eu vejo um *reservatório de vida* – ou um *poço*. Neste poço está a provisão da unção. O Senhor deposita Sua unção nas pessoas para a perfeição dos santos. A responsabilidade de extrair desta provisão é nossa. Assim como Jesus no poço, homens e mulheres de Deus são capacitados através do Espírito Santo com milagres, revelações e libertações para aquele que vai ao poço. Se você pede sob o poder da unção existente neste poço, milagres fluirão dele para você.

> *E toda a multidão procurava tocar-lhe; porque saía virtude dele, e curava a todos.*
>
> Lucas 6:19

Estas pessoas estavam pedindo sob a unção. A virtude saiu de Jesus porque as pessoas extraíram do poço a Sua unção. Elas extraíam a Sua unção ao buscarem tocar nele. Você pode literalmente extrair a unção dos dons do ministério através da sua fé, jejuando e orando, pela adoração em Espírito e em verdade, pelo caminhar em obediência à Palavra de Deus, estando em Sua presença, e honrando o homem e a mulher de Deus. Se estas pessoas tivessem apenas esperado sentadas que Jesus as ungisse, provavelmente não teriam recebido nada. Muitas vezes os fiéis apenas se sentam e esperam que um homem ou mulher de Deus faça algo. Ele coloca o poço em nosso meio, e nós temos que extrair água deste poço.

## OFERTA E PROCURA

O Senhor falou ao meu coração que sempre há provisão onde há procura. Os problemas com as drogas em nossas cidades não existiriam se não houvesse a procura pelas mesmas. Por haver procura pelas drogas, há a oferta. O mesmo acontece com a unção. Se não há procura, não haverá provisão. Os que têm fome e buscam os dons do ministério sempre serão providos de unção. Ministrei em igrejas em que havia tanta fome e sede de unção que os fiéis literalmente extraíam sem reservas o poder de mim. Ministrei em outros lugares onde não havia procura, e por consequência, nada acontecia. As pessoas apenas se sentam e esperam que algo aconteça, e nada fazem. Não há fome ou expectativa por revelação, pelo dom de falar em línguas ou por milagres.

Como pastor, eu ensino os membros de nossa assembleia a buscarem os dons do ministério que fluem em nossos cultos. Eu digo a eles para buscarem a unção nos apóstolos, profetas, evangelistas, pastores e mestres. Eu ensino a eles que estes dons de Deus têm uma provisão, e é responsabilidade deles buscar esta provisão.

Muitos ministros que pregam em nossa igreja local ficam chocados pela unção que flui neles. Isso acontece porque eu ensino os fiéis a buscarem-na neles. Os irmãos amam ministrar neste tipo de ambiente. O fluxo é muito mais fácil, porque as pessoas puxam a unção *de* você, ao invés de bloquearem você.

> *E eis que dois homens cegos, assentados junto do caminho, ouvindo que Jesus passava, clamaram, dizendo: Tem misericórdia de nós, ó Senhor, Filho de Davi! E a multidão os repreendia, para que se calassem; mas eles gritavam ainda mais, dizendo: Tem misericórdia de nós, ó Senhor, Filho de Davi.*
>
> Mateus 20:30-31

Estes homens *buscaram* Jesus. Eles clamaram até mesmo quando as multidões estavam os reprimindo, dizendo para ficarem calados. Eles tiveram que atravessar a oposição da multidão para receberem o seu milagre. Se eles estivessem ficado calados, eles não receberiam o milagre. Eles tiveram que ir em busca da unção. Jesus estava de passagem. Se eles não tivessem buscado a Sua unção, Ele passaria direto por eles. É como pegar dinheiro de um banco. Você deve ir ao caixa e sacar a quantia na conta. Se você nunca fizer um depósito na conta, você nunca poderá tirar nada dela. Uma igreja nunca deveria permitir que um servo de Deus chegasse em uma congregação e ministrasse sem que a assembleia o buscasse sob a unção.

> *E ele saindo dali, chegou à sua própria terra, e os seus discípulos o seguiram. E, chegando o dia do shabat, ele começou a ensinar na sinagoga; e muitos, ao ouvi-lo, se admiravam, dizendo: De onde lhe vem estas coisas? E que sabedoria é esta que lhe é dada, e como estas poderosas obras são feitas por suas mãos? Não é este o carpinteiro, filho de Maria, irmão de Tiago, e de José, e de Judas e de Simão? E não estão aqui conosco suas irmãs? E escandalizavam-se nele. Mas Jesus lhes dizia: O profeta não está sem honra, exceto na sua própria terra, e entre os seus próprios parentes, e na sua própria casa. E ele não podia fazer ali nenhuma obra poderosa, salvo impor suas mãos sobre poucas pessoas enfermas, curando-as. E admirou-se da descrença deles. Ele percorreu as aldeias vizinhas, ensinando.*
>
> Marcos 6:1-6

Ali, bem no meio deles, estava a provisão – *um poço de unção*. Naquele poço estavam a salvação, a cura, a libertação e os milagres. Jesus era um poço ambulante de unção. Eles tiveram a chance de extrair a bênção daquele poço, mas não o fizeram porque não *criam*. Eles não O viram como um poço de unção, mas como um carpinteiro, "filho de Maria, irmão de Tiago, e de José, e de Judas e de Simão". Eles O olharam e O julgaram como um homem comum. Entretanto, se O tivessem olhado sob o Espírito, eles O veriam como um poço ou reservatório de unção. Eles teriam extraído milagres dele, e seriam curados *pela fé*.

Devemos começar a ver os dons do ministério no espírito. Você deve ver o seu pastor como um poço ambulante de cura. Você deve buscar a unção e extrair os milagres de Cristo. Não há nada errado com os ministros que dizem às pessoas que são ungidos. Se você tem a unção de cura, diga às pessoas. Dê a elas a chance de extraírem a bênção deste poço de unção. Se você tem uma unção profética, diga às pessoas. Permita que elas extraiam palavras proféticas de você. Se você tem a unção do ensinamento, diga às pessoas. Deixe que elas extraiam o conhecimento, a revelação e a cura de você.

## EXTRAIR DOS VASOS UNGIDOS

> *E estavam ali postas seis talhas de pedra, do tipo usado pelos judeus para as purificações, e em cada uma cabiam duas ou três metretas. Jesus lhes disse: Enchei de água as talhas. E eles as encheram até a borda. E, ele lhes disse: Tirai agora, e levai ao mestre-sala. E eles o levaram. Quando o mestre-sala provou a água tornada em vinho, não sabendo de onde viera, (mas os serviçais que haviam tirado a água o sabiam), o*

*mestre-sala chamou o noivo, e lhe disse: Todo homem, no princípio, apresenta bom vinho, e quando os homens já têm bebido bem, então o que é pior; mas tu guardaste o bom vinho até agora.*

João 2:6-10

A história do primeiro milagre de Jesus em Caná da Galileia é profética. Os seis potes de pedra com água representam os vasos de terra que o Senhor usa (2Co 4:7). Seis é o número do homem. O homem foi criado no sexto dia. Jesus ordenou que os potes fossem enchidos com água. A água representa a Palavra (Ef 5:26). Os servos de Deus precisam ser enchidos com a Palavra de Deus. Apóstolos, profetas, evangelistas, pastores e mestres devem estar cheios da Palavra. O Senhor lhe encherá com a Palavra para que outros possam extraí-la de ti.

Depois Jesus disse a eles para tirarem o que estava no pote. Quando eles tiraram, a água tinha se transformado em vinho. O vinho representa o Espírito Santo. Representa a unção de Deus. Nós temos que extrair a bênção dos dons do ministério. *Extrair* vem da palavra grega *antleo*, e significa imergir na água com baldes ou jarros.

Devemos usar nossos baldes e extrair a bênção dos vasos da terra, que Deus encheu com a Sua Palavra. Quando eu me esquivo da unção dos dons do ministério, meu balde esvazia e eu me preparo para enchê-lo. Quando os vasos do Senhor vêm a minha igreja, nós extraímos a unção deles. Extraímos a unção porque temos necessidades. Extraímos porque precisamos ser curados. A mãe de Jesus disse a Ele: "Eles não têm vinho" (Jo 2:3). Havia uma necessidade de vinho na festa de casamento. Quando há uma necessidade de unção e do Espírito, devemos extraí-los dos vasos que o Senhor nos dá. Devemos usar nossa fé para extrair o vinho quando há uma necessidade.

O ministério dos dons deve passar um tempo sendo preenchido pela Palavra. Nós devemos permitir que o Senhor encha nossos vasos com a água da Palavra. Quando ministrarmos, devemos permitir que os santos de Deus extraiam de nós a Palavra. Há tantas pessoas com necessidades. Elas precisam do vinho do Espírito Santo, que fluirá de nós.

Verdadeiramente, enquanto somos enchidos pelo Espírito Santo ou enquanto extraem a Sua bênção de nós, precisamos do poder de Deus fluindo em nossas vidas. Você está lendo este livro porque tem uma necessidade. Você precisa do poder de Deus para fluir a cura em sua vida. Meu desejo e oração sinceros são para que esta revelação cause em você a vontade de tomar posse da sua cura no Espírito através dos vasos terrestres que Ele ungiu, e que você beba da água da vida que Deus dá livremente, para que possa receber em abundância a plenitude do Senhor em sua vida.

## EXTRAINDO SAÚDE E VIDA DO POÇO DO ESPÍRITO

Tu abriste meus olhos para ver o poço de água de Teu Espírito, eu encherei meu copo e beberei (Gn 21:19).

Ficarei diante do poço de água do Teu Espírito e aquilo que eu declarar vai acontecer (Gn 24:43).

---

Cavarei fundo o poço do Teu Espírito, pois Tu abriste espaço para mim e serei frutífero na terra (Gn 26:22).

---

Cavo fundo no vale de minha situação; pois lá acharei uma fonte de onde emana água viva (Gn 26:19).

---

Cavarei sem cessar até encontrar a água do Teu Espírito (Gn 26:32).

---

Sou uma árvore frutífera pelo poço do Teu Espírito. Permaneço na força e os braços de minhas mãos serão feitos fortes pelas mãos do Todo-poderoso Deus (Gn 49:22-24).

---

Meu espírito acampa em Elim pelas doze fontes de água e setenta palmeiras, pois Tu me curaste e nenhuma das enfermidades do Egito cairá sobre mim (Êx 15:26-27).

---

Com entendimento e sabedoria, eu tomarei o conselho que Tu colocaste no fundo do poço do meu coração (Pv 20:5), e encontrarei a cura.

---

Com alegria eu extraio a água da cura dos poços da salvação (Is 12:3).

---

Eu cavo o poço do Teu Espírito e bebo Tua água (Is 37:25).

---

Dê-me água da vida, ó Deus, para que eu não mais sinta sede ou precise ir até os poços terrenos para pegar água (Jo 4:15).

---

Eu bebo livremente a água que Tu me deste. É um poço de água que brota por toda a vida (Jo 4:14).

---

Eu falo com o poço do Senhor que habita em meu interior: "Brote, ó poço!". Eu cavarei o poço segundo a Sua direção (Nm 21:16-18).

---

Como Davi, anseio beber da água do poço de Belém (2Sm 23:15).

---

Deixe Sua chuva cair e encher os açudes dos poços, que construí em meu espírito (Sl 84:6).

---

Minha boca é um manancial de vida (Pv 10:11). Eu proclamo a vida, saúde e prosperidade para minha mente, corpo e espírito.

---

Uma fonte de jardins, um poço de água viva e correntes do Líbano habitam dentro de mim (Ct. 4:15).

---

## CURA E BÊNÇÃO PELA ÁGUA DA VIDA

Tenho sede; portanto, venho a Ti e bebo da água da vida (Jo 7:37).

---

Meu interior fluirá rios de água viva porque creio em Ti (Jo 7:38).

---

Venho a Ti com lamentos, e Tu me guias pelos caminhos dos rios de água onde não tropeçarei (Jr 31:9).

---

Sou como uma árvore plantada nos rios de água. Dou frutas em minha estação. Minhas folhas não secam. Tudo em mim prospera (Sl 1:3).

---

Sou como uma árvore plantada nas águas. Minhas raízes se estendem pelas águas. Quando o calor e a seca vierem, minhas folhas continuarão verdes e não deixarei de dar frutos (Jr 17:8).

---

Fui plantado em bom solo e sob boas águas. Sou uma videira esplêndida que produz ramos e dá frutos (Ez 17:8).

---

Minha mãe é como uma videira plantada junto às águas. É frutífera e cheia de ramos por causa da abundância de água (Ez 19:10).

---

Tu me mostraste um rio puro de água viva, clara como cristal, vinda do trono de Deus e do Cordeiro. No meio deste rio estava a árvore da vida, cujas folhas levavam a cura às nações – e não mais houve maldição de doença em minha vida (Ap 22:1-3).

---

Eu bebo da água da vida livremente (Ap 22:17).

---

O Alfa e Ômega, o início e o fim, me dá a fonte de água viva livremente, e eu bebo (Ap 21:6).

---

Eu sirvo ao Senhor meu Deus. Ele abençoou meu pão e minha água, e levou a doença do meu interior (Êx 23:25).

---

Assim como Moisés, trago minha família diante do Senhor e os lavo com a água da Palavra (Lv 8:6).

---

Banharei a mim mesmo nas águas correntes do Espírito para limpar-me de qualquer problema – físico, espiritual e emocional – e estarei limpo (Lv 15:13)

---

Falarei com a Rocha da minha salvação; e Ele fará brotar a Sua água para que eu possa beber (Nm 20:8)

---

Sou como vales, como jardins frutíferos margeando o rio, como aloés plantados pelo Senhor, como cedros junto às águas. Ele derramará o Seu Espírito sobre mim como reservatórios de águas transbordantes, e as minhas sementes serão alimentadas em todas as suas necessidades (Nm 24:5-7).

---

Serei purificado pelas águas da purificação (Nm 31:23).

---

Sou como a árvore cujas raízes se espalham pelas águas, cujos ramos são refrescados pelo orvalho. Novas honras sempre são concedidas a mim, e minha força é continuamente renovada (Jó 29:19-20).

---

Deus atrai gotas de água que dissolvem e caem sobre mim para que eu seja abençoado (Jó 36:27-28).

---

Como a corsa anseia por águas correntes, minha alma anseia por Ti, ó Deus (Sl 42:1).

---

Minha alma tem sede de Deus, do Deus vivo (Sl 42:2).

---

Minha alma tem sede de Deus, e minha carne anseia por Ele em uma terra seca em que não há água (Sl 63:1).

---

Tu enviaste Tua água que flui do abundante rio de Deus. Tua água nunca secará, e trará bênçãos para a colheita (Sl 65:9-10).

---

O Espírito de Deus recai sobre mim como a chuva na grama, como a água que cai sobre a terra (Sl 72:6).

---

Tu transformaste o deserto de minha vida em açudes de água, e o solo seco em fontes de água. Tu me fizeste habitar em lugares férteis. Tu me abençoaste e multiplicaste minhas sementes grandemente (Sl 107:35-38).

---

Meu coração é como os rios de água nas mãos de Deus (Pv 21:1).

---

Tu me refrescaste como os rios de água em um lugar seco. Tu me abrigaste como a sombra fresca de uma grande rocha (Is 32:2).

---

A seca de minha vida se tornará um açude, e da terra seca fluirá água viva (Is 35:7).

---

O Senhor me ouvirá, pois sou pobre em saúde e necessitado, e busco a água viva. Ele não me abandonará. Ele abrirá os rios nos lugares altos e as fontes no meio dos vales. Ele fará do deserto um açude e da terra seca brotará água (Is 41:17-18).

---

Tu derramaste Tua água sobre mim porque eu tinha sede. Tu inundaste meu terreno seco. Tu derramaste Teu Espírito e Tua bênção sobre minha descendência. Ela brotará como a grama e como salgueiros juntos às torrentes (Is 44:3-4).

---

Não terei fome ou sede; nem serei atingido pelo calor do dia, porque Tu tens misericórdia de mim e me guiarás pelas nascentes de água (Is 49:10).

---

O Senhor me guiará continuamente e satisfará minha alma durante a seca. Ele manterá minha força e saúde. Serei como um jardim regado, como uma nascente que sempre flui (Is 58:11).

---

Tu me lavaste com água. Tu me lavaste de meu sangue e me ungiste com óleo (Ez 16:9).

---

Tu me regarás com água e me limparás de toda imundície. Tu me darás um novo coração e um novo espírito (Ez 36:25-26).

---

Que os rios de Judá fluam com as águas e com a fonte da casa do Senhor, para que meus vales sejam regados (Jl 3:18).

---

Que Teu anjo agite as águas para que eu possa entrar nelas e ser curado de minhas doenças (Jo 5:4).

---

Sou santificado e limpo pelas águas da Palavra. Fui apresentado com glória diante do Senhor, sem nenhuma mancha ou ruga. Sou santificado e sem culpa (Ef 5:26-27).

---

Eu me aproximo do Senhor com coração verdadeiro, cheio de fé. Meu coração foi limpo pelo sangue do Cordeiro, e meu corpo lavado com água pura (Hb 10:22).

---

Contigo está a fonte da vida, e em Tua luz eu vejo luz (Sl 36:9).

---

Atentar-me-ei ao ensino do sábio, pois é uma fonte de vida. Pela obediência, evitarei os laços da morte (Pv 13:14).

---

A morte não me tocará porque eu temo o Senhor e Ele é minha fonte de vida (Pv 14:27).

---

# Capítulo 6

# ATIVANDO SEU DOM DE CURA

***Por este motivo, te lembro que despertes o dom de Deus, que está em ti pela imposição das minhas mãos.***

2 Timóteo 1:6

Homem e mulher de Deus, é sua responsabilidade ativar o dom que o Senhor pôs em você. Você foi tocado, curado e libertado; agora é a hora de você retribuir. Jesus disse: "Curai os enfermos, purificai os leprosos, ressuscitai os mortos, expulsai os demônios; de graça recebestes, de graça dai." (Mateus 10:8). Não retenha dos outros aquilo que lhe foi dado. Permaneça na corrente da unção, e mantenha seu dom aceso a fim de que você possa fazer com que alguém experimente um quebrantamento. Não seja passivo em relação ao seu dom. Passividade sobre a unção da cura pode impedir o derramamento da mesma.

Algumas pessoas são muito passivas, preguiçosas demais para ativar o dom. Elas permitem que o seu dom permaneça adormecido, ou recuam quando encontram uma pequena resistência no espírito. Elas sentam-se e esperam que os servos de Deus façam tudo. Elas não exercitam a sua fé para buscar o dom.

Mas você não tem que fazer isso; você pode começar a buscar ansiosamente o Espírito assim como você fez com a sua cura e receber a unção para passar essa cura à frente para um outro alguém. Você deve resistir à passividade, para que outras pessoas possam ser totalmente beneficiadas com o seu dom.

Muitas vezes, no ministério, eu *deixo* fluir a profecia, os milagres ou a cura, porque sinto que há uma *demanda* – uma demanda pelo que necessitamos. Não há nada mais que as pessoas anseiem ou necessitem, no mais íntimo de seus espíritos, do que serem tocadas por Deus. Quanto mais você se conectar ao fluir infinito do Espírito, mais milagres fluirão de você. E as pessoas começarão a buscar o que você tem, e você fluirá ainda mais. É o ciclo da oferta e da procura novamente. É como ativar uma bomba d'água. Uma vez que a água começa a fluir, a bomba começa a jorrar. Jesus disse que do nosso interior fluiriam rios de água viva. Tudo o que precisamos fazer é dar o primeiro passo. Isto *acontecerá* quando houver uma *busca*. Uma vez que começa, continuará a fluir até que cada necessidade seja suprida.

## O QUE É A UNÇÃO?

*E vós tendes a unção do Santo, e sabeis todas as coisas.*

1João 2:20

*Porém a unção que vós recebestes dele permanece convosco.*

1João 2:27

A palavra *unção* aqui é originada da palavra grega *charisma*. Significa unguento ou ungir (representado pela unção com o óleo). Também significa *dom* do Espírito Santo. Um dom é um presente do Espírito Santo. É o poder ou habilidade de Deus. Há uma diversidade de dons (talentos ou faculdades miraculosas).

Extrair da unção é receber algo do dom ou da habilidade de Deus. Você pode receber a cura, a libertação e milagres. Apóstolos, profetas, evangelistas, pastores e mestres têm a unção dada a eles por Deus. Eles têm talentos ou faculdades miraculosas dadas a eles pela graça. Estes dons são dados para o benefício dos santos.

Se você pedir, Deus te ungirá para que você tenha a virtude da cura. A Bíblia diz que nós só não temos porque não pedimos (Tg 4:2). Quando você pede a Deus por essa unção, ela não virá apenas nas suas mãos, mas também em suas roupas. Quando estiver em necessidade, não tenha medo de se apresentar diante do trono da graça, pois você precisa que a unção de Deus esteja ativa em sua vida. Você precisa da unção de cura do Espírito para que onde quer que você encontre pessoas enfermas e as toque, elas sejam curadas. Neste reino, sinais e milagres precisam acompanhar a mensagem do Evangelho. Jesus disse que qualquer obra que Ele fez, nós faremos ainda maiores (Jo.14:12); à medida que nós jejuarmos e orarmos, a virtude da cura crescerá em nossas vidas. Jesus tinha virtude porque Ele reservava um tempo para jejuar e orar. Peça a Deus para lançar em sua vida uma unção apostólica de cura poderosa, de milagres e virtude. Quando você for ao hospital, para a casa ou para o trabalho, creia que os milagres de Deus estarão sendo realizados através de você.

# DECLARAÇÕES PARA LANÇAR O DOM DE CURA

Eu oro para que Deus possa ungir com virtude a minha vida – não apenas as minhas mãos, mas também as minhas roupas, para que aonde quer que eu vá e encontre pessoas doentes, elas sejam curadas quando eu as tocar.

---

Pai Celestial, eu recebo a unção de cura em minhas mãos e em meu corpo. Que a virtude seja lançada através de mim e de minhas roupas. Que Teu poder seja lançado através de mim para que, aonde quer que eu vá, as pessoas sejam curadas.

---

Pai Celestial, à medida que eu jejuar e orar, aumente Tua virtude de cura em meu corpo e em minhas roupas, para que aonde quer que eu vá e quem eu encontrar e tocar seja curado.

---

Eu creio que milagres fluirão através da minha vida, em nome de Jesus.

---

# SUBMETENDO-SE AO SERVIÇO DE DEUS

As pessoas estão clamando por Ti, Senhor. Unge-me assim como fez a Benjamim, e envie-me a esta Terra como um capitão espiritual sobre o Seu povo, para que eles posam ser salvos das mãos do inimigo (1Sm 9:16).

---

Tu me ungiste e me libertaste das mãos dos meus inimigos, assim como fez pelo Rei Davi (2Sm 12:7).

---

Levantarei e serei limpo, serei vestido pelo Espírito Santo e ungido com adoração em Tua casa, e comerei do pão da vida na mesa que Tu preparaste diante de mim (2Sm 12:20).

---

Volte a Tua face para mim, ó Deus, e lembre-se de Tua misericórdia dada a mim como àquele que Tu ungiste (2Cr 6:42).

---

Por amar a justiça e odiar a iniquidade, Tu me ungiste com o óleo da alegria mais do que a todos os que estão a minha volta (Sl 45:7; Hb 1:9).

---

Tu me ungiste com óleo fresco e agora sou forte como um boi selvagem (Sl 92:10).

---

Volte Tua face para mim, Teu ungido (Sl 132:10).

---

Meu fardo será tirado de meus ombros, e o jugo removido de meu pescoço e destruído, porque a unção está em minha vida (Is 10:27).

---

## ORAÇÕES PARA UNÇÃO PESSOAL

Assim como o Senhor deu uma unção específica a Arão, também, pela razão da unção, tenho um dom de ministério específico para usar, que deve ser meu – e de meus filhos – pela ordem de Deus para sempre (Nm 18:8).

---

Eu sei que o Senhor salva o Seu ungido, e Ele me ouvirá quando eu chamar e virá me apoiar com a força de Sua destra (Sl 20:6).

---

Deus preparou uma mesa diante de mim na presença de meus inimigos: Ele ungiu minha cabeça com óleo; meu cálice transborda (Sl 23:5).

---

O Senhor é minha força, e assim como o Seu ungido, serei salvo com a Sua força (Sl 28:8).

---

Assim como Jesus disse ao homem cego para se lavar no tanque de Siloé, eu ordenarei que o poder da unção de Deus flua através de Seus servos hoje e toque os meus olhos, para que eu possa me lavar e receber a visão espiritual (Jo 9:11).

---

Cantarei as misericórdias do Senhor para sempre; com minha boca farei conhecerem a Sua fidelidade em todas as gerações, e todos O buscarão (Sl 89:1).

---

Eu louvarei Tuas maravilhas, ó Senhor, e falarei de Tua fidelidade também na congregação dos santos (Sl 89:5).

---

Senhor, mantenha Teus olhos sobre os servos fiéis desta Terra, para que possamos habitar em Ti e ajude-nos a caminhar na perfeição, para que possamos servir a Ti e fazer com que muitos também busquem a Tua unção (Sl 101:6).

---

Pai, faça-me como Estêvão - cheio de fé e de poder - que eu possa fazer prodígios e milagres entre as pessoas (At 6:8).

---

Estarei cheio do Espírito Santo e da fé para que muitos digam: "Ele era um bom homem", e por causa da Sua unção em minha vida muitas pessoas se unirão ao Senhor (At 11:24).

---

Fui ungido para abrir os olhos deles e levá-los da escuridão à luz, e do poder de Satanás ao poder de Deus, para que possam receber o perdão dos pecados e a herança dentre aqueles que são santificados pela fé que está em mim (At 26:18).

---

Dou graças ao meu Deus por Jesus Cristo por todos os meus líderes ungidos, cuja fé é anunciada pelo mundo inteiro (Rm 1:8) Que eu me torne um deles.

---

Eu permitirei ao poder da unção de Deus trazer a colheita dos frutos do Espírito Santo - Seu amor, alegria, paz, vida longa, gentileza, bondade, fé, mansidão e temperança - que fazem com que outros busquem Sua unção para si mesmos (Gl 5:22-23).

---

Agradeço a Cristo Jesus nosso Senhor, que me capacitou, me teve por fiel e me colocou no ministério (1Tm 1:12).

---

Eu opero milagres pela pregação da fé, e não pelas obras da lei (Gl 3:5).

---

Deus me chamou, e Ele é fiel para fazer através de mim aquilo que fui chamado a realizar (1Ts 5:24).

---

Receberei força para conceber a semente dos sonhos, a unção e os dons que Deus colocou em mim. Eu declaro na fé que estes mesmos sonhos, unção e dons serão liberados, porque Deus, que prometeu, declarou-me fiel (Hb 11:11).

---

A unção de Deus habita em mim e me ensina todas as coisas. A unção revela a verdade para mim à medida que eu habito em Deus (1Jo 2:27).

---

Eu ofereço excelentes sacrifícios diante de Ti, ó Deus, porque Tu tens me feito justo pela minha fé. Testifico os dons que Tu me ungiste para que, mesmo depois de minha morte, minhas obras eternas falem (Hb 11:4).

---

Decreto e declaro que obedecerei a Deus e, pela fé, vou para onde Ele me chamar, para que eu possa receber minha herança (Hb 11:8).

---

# ORAÇÕES QUE LANÇAM A UNÇÃO DE GERAÇÃO EM GERAÇÃO

Assim como Tu ungiste Arão e seus filhos, Tu ungiste e consagraste a mim e meus filhos ao Teu serviço (Êx 29:29).

---

Creio que fui ungido por Deus assim como Ele ungiu meu pai, e que devo ministrar junto a Deus em meu ministério e que minha família deva ser um sacerdócio perpétuo por todas as gerações (Êx 40:15).

---

Tu fizeste de mim um sacerdote fiel, e eu agirei de acordo com o que está em Teu coração e em Tua mente. Tu construíste uma casa consolidada para minha família e para mim, e seremos Teus servos ungidos para sempre (1Sm 2:35).

---

Tu és a minha torre de salvação, ó Senhor, e Tu tens misericórdia de mim, Teu ungido, de meus filhos e das gerações que ainda virão (2Sm 22:51).

---

Por causa de Tua unção em minha vida, Tu garantiste a mim e a todas as futuras gerações de minha família, grande liberdade e misericórdia (Sl 18:50).

---

Creio em Deus e carrego Suas mensagens em meu coração; Ele abrigará minha família e seremos salvos. Pela fé, somos herdeiros de Sua justiça (Hb 11:7).

---

Eu ofereço a Deus meus filhos, e declaro que são dele, e, na fé, receberei a promessa de Deus (Hb 11:17).

---

Eu lanço a bênção sobre meus filhos. Tenho fé no que Deus fará por eles no futuro (Hb 11:20).

---

Continuamente proclamarei bênçãos sobre minhas futuras gerações e adorarei a Deus, até mesmo em minha velhice (Hb 11:21).

---

Protegerei todos os meus primogênitos - crianças, sonhos, o fruto de meu trabalho - com o sangue de Jesus, e o anjo da morte não os tocará, mas passará direto (Hb 11:28).

---

## ORAÇÕES QUE ATIVAM SUA UNÇÃO DE CURA

A Ti dou graças, Deus, pois Tu ouviste minhas orações e lançaste a cura ao Teu povo (2Cr 30:20).

---

O Espírito do Senhor Deus está sobre mim porque o Senhor me ungiu para pregar boas novas aos mansos. Ele me enviou para curar o coração contrito; para consolar os que choram; para dá-los glória em vez de cinzas, o óleo da alegria em vez do óleo da tristeza, e as vestes de louvor em vez do espírito angustiado, para que possam ser chamados de árvores da justiça, plantações do Senhor, a fim de que Ele seja glorificado (Is 61:1-3).

---

Ó Deus, Tu trazes saúde e cura. Tu irás curar as pessoas e revelar a elas a abundância da paz e da verdade (Jr 33:6).

---

Eu chamo o povo de Deus a temer o Senhor, para que o Sol da Justiça possa nascer com a cura em suas asas (Ml 4:2).

---

Assim como Jesus, sou lançado a ir e pregar o Evangelho do Reino, e a curar todos os tipos de enfermidades e moléstias para que o nome e a fama de Jesus corram pelo mundo inteiro (Mt 4:23).

---

Que as pessoas doentes, aflitas com várias moléstias e tormentos, e aquelas que estão possuídas pelo demônio, epiléticas e paralíticas, venham até mim, para que eu possa curá-las, em nome de Jesus (Mt 4:24).

---

Eu aceito o chamado: irei e curarei os que precisam de cura (Mt 8:7).

---

Sou movido com grande compaixão pelos doentes, pois eles estão cansados e desgarrados, como ovelhas sem pastor (Mt 9:36).

---

Eu curarei o doente, limparei o leproso, ressuscitarei o morto e expulsarei os demônios. Assim como recebi de graça, darei de graça (Mt 10:8).

---

Declaro que o poder do Senhor está presente para curar o Seu povo (Lc 5:17).

---

Eu recebo as multidões. Falarei a eles sobre o Reino de Deus e os curarei em nome de Jesus (Lc 9:11).

---

Eu estenderei minha mão para curar, para que sinais e prodígios sejam realizados através de mim, em nome de Jesus (At 4:30).

---

Pela Palavra de Deus, as pessoas são curadas (Sl 107:20).

---

Serei um embaixador fiel que traz saúde e cura (Pv 13:17).

---

Assim como os doentes estão aos meus pés, declaro que a unção de cura de Jesus fluirá através de mim, e eles serão curados (Mt 15:30).

---

Irei impor as minhas mãos sobre os doentes para que sejam curados, e eles viverão (Mc 5:23).

---

Eu repreendo os espíritos imundos e doentes das crianças. Pela unção de Jesus Cristo, eu as curarei e as levarei aos cuidados de seus pais (Lc 9:42).

---

Posso não ter prata; posso não ter ouro, mas o que tenho é a unção para curar aqueles que estão doentes. Em nome de Jesus Cristo de Nazaré, eu falo para aqueles que estão doentes: "Levantem-se e andem" (At 3:6-7).

---

Observarei atentamente e verei aqueles que vêm pela fé para serem curados. Eu os chamarei da enfermidade, dizendo: "Levantem-se direito sobre teus pés!" E eles saltarão e andarão (At 14:9-10).

---

Eu visitarei os doentes e orarei com eles. Vou pôr minhas mãos sobre eles e os curarei (At 28:8).

---

E os doentes são trazidos diante de mim, sou capaz, pela Sua unção, de curá-los por causa da fé que eles têm. Declaro a eles: "Estejam alegres, seus pecados foram perdoados" (Mt 9:2).

---

Declaro que, pela minha grande fé, eu serei como eu desejo. Meus filhos serão saudáveis - em corpo, mente e espírito - agora mesmo (Mt 15:28).

---

Vejo fé em Teu povo, Deus. Eu falo sobre cura e perdão para eles (Mc 2:5).

---

Que aqueles que eu toco sejam feitos bons, curados de suas enfermidades e livres para viver em paz (Mc 5:34).

---

Eu caminho na unção de Jesus Cristo, curando as pessoas e dando visão aos cegos de acordo com a fé deles em Deus (Mc 10:52).

---

Sou enchido com o Espírito Santo e com o poder do bem, curando todos aqueles que estão oprimidos pelo mal, e sei que Deus está comigo assim como esteve com Jesus (At 10:38).

---

Declaro que minhas orações de fé libertarão os doentes e o Senhor os levantará. Seus pecados serão perdoados. (Tg 5:15).

---